中国艺术家年鉴

YEARBOOK OF CHINESE ARTISTS

文化藝術出版社
Culture and Art Publishing House

范扬卷

图书在版编目（CIP）数据

中国艺术家年鉴·范扬卷/陈子游主编.—北京：
文化艺术出版社，2010.12

ISBN 978-7-5039-4842-8

Ⅰ.①中… Ⅱ.①陈… Ⅲ.①范扬－人物研究 Ⅳ.
①K825.72

中国版本图书馆CIP数据核字（2010）第239626号

中国艺术家年鉴·范扬 卷

ZHONGGUOYISHUJIANIANJIAN · FANYANG JUAN

监　　制　今日美术馆
总　　编　易 英
主　　编　陈子游
副 主 编　陆 虹 丁文卿
策　　划　大观书屋
责任编辑　金 燕
装帧设计　林墨白 陈 旭
出版发行　文化艺术出版社
地　　址　北京市东城区东四八条52号 100700
网　　址　www.whyscbs.com
电子邮箱　whysbooks@263.net
电　　话　（010）84057666（总编室）
　　　　　（010）84057691-99（发行部）
经　　销　新华书店
印　　刷　北京顺诚彩色印刷有限公司
版　　次　2011年4月第1版
印　　次　2011年4月第1次印刷
开　　本　889毫米×1194毫米 1/16
印　　张　19
图　　片　350幅
字　　数　100千字
书　　号　ISBN 978-7-5039-4842-8
定　　价　160.00元

目录

学术推荐

范扬的画看上去满幅轻松，但却埋伏了雄强之骨和深厚学养。他对传统雄浑一体的画风显然是体悟颇深的，从宋元绘画到黄宾虹，都是他直接吸收的对象。他的胸臆开敞，喜读群书，研读画史画论及文化论著，养成腹中经纶和思中识度。他也注重生活蒙养，投身于自然怀抱，采集养分、荡涤心灵，这些学养、才情、能力都是构成范扬绘画风格的基础，使他落笔便生墨韵，笔笔相连，连成景致不绝如缕的大千世界。

——范迪安

序

前一段时间，有两件事让我颇受感触。一是中央电视台10套节目播出的一集关于中国远征军的纪录片，以中国远征军后人间的交往和他们对远征军资料收集过程为线索，其讲述让人感动。而收集这些鲜为人知的史料的难度亦是可想而知的，其中仅仅因为几幅照片，当事人就要数次远赴美国，与当时援华美军的家属和子女查实求证，搜集的过程实在不容易，因此资料成片委实弥足珍贵。历史的真相往往令后人遥不可及，重述这些鲜活的历史场景更显困难。二是通过朋友买到两本书，《碎片化的历史学：从〈年鉴〉到“新史学”》和《法国史学革命：年鉴学派，1929-1989》[①]，这使我了解到上世纪西方史学界年鉴学派的建立和发展。第一代吕西安·费弗尔与马克·布洛赫，第二代布罗代尔，第三代安德烈·比埃尔吉尔与雅克·雷维尔，弗兰索瓦·费雷等，这些年鉴学派发展过程中的主要代表人物，在史学研究领域做出了伟大贡献。在该学派长达六十年的发展过程中，他们一直倡导通过跨学科合作创立新史学的研究方法，并追求建立历史心理学之目标，从而在他们的努力之下，历史学、社会学、经济学、地理学、考古学、政治学等各学科之间的壁垒得以打破。同时通过年鉴方法研究，主张分析社会势力与个人感情（吕西安·费弗尔），提倡跨学科的思考方法（马克·布洛赫），主张开放的学术观，通过心理史、新经济史、民间文化史、象征人类学的研究来推动政治史发展（弗兰索瓦·费雷），重建史学研究方法，打通社会史与文化史。通过重新起用、界定“集体表象”这一概念，克服社会史与文化史之间的隔阂与局限，加强对“心态工具”的研究（罗杰·夏蒂埃），这些新的研究方法和思维角度，逐渐形成了年鉴学派研究的核心价值，亦使其成为世纪史学的研究主流。这使我想到，面对当下、面对艺术和艺术研究，我们如何借鉴与运用前人的研究成果来审视我们所处的时代和个体生命，这是值得思索的一个课题。更重要的是，在当代，我们的记录手段已经变得立体和多元，因为我们可以毫无费力的借助录音、影像、图片等媒体让我们这个时代可以更为“全面”、“多样”的保留下来。像齐白石、黄宾虹、李可染他们那个年代，留给今世的人文资料也是相当稀缺的，尤其影像资料。所以，在注重个体生命、个体艺术价值的前提下，我们以事实为基础，推出《中国艺术家年鉴》系列丛书。丛书主要侧重艺术家个体艺术状态的研究，以同步研究为理念，长时间对艺术家的生活与艺术创作进行多方位的渐进投入式记录。采用语言叙述、文本整理、图片归纳、影像拍摄、学理研究、创作过程跟踪、出版推荐等手段，在不同时间和空间内感知艺术家个体生命的鲜活和本真，让艺术家的生命本体绽放光芒。主编这套系列丛书的目的，就是在尊重个体价值的基础上，为我们的时代艺术在将来的历史写作上保留一些最基本的材料和有益的参考。

“年鉴”之于中国历史的叙述方式并非全无根据，编年体就是重要的历史写作方式之一，而《宋史·艺文志》更有《年鉴》一卷（已遗失）。我们可以简单地把“年鉴”看成是一种编年体，在事物发展的朴素过程中，做朴素的材料整理与记录。

当下，不同文化艺术门类的融通、碰撞显而易见，然而尊重多元化和价值共同体的构建却更应互为依托。因此，在《中国艺术家年鉴》系列丛书的编辑工作中，我们会逐渐邀请一些具有不同文化和教育背景的艺术家合作，通过不同的艺术语言，在我们共同所处的“大时代”的定义下，以个体经验为蓝本，缔结出最为广义的文化认同。

少言多行应该是我们完成工作最有效的方式。

是为序。

陈子游

2010年12月6日

注释：

①《碎片化的历史学：从〈年鉴〉到“新史学”》，［法］弗朗索瓦·多斯著，马胜利译。《法国史学革命：年鉴学派，1929-1989》，［英］彼得·伯克著，刘永华译。

范扬

1955年1月生于香港，祖籍江苏南通。
1982年毕业于南京师范学院美术系。
曾任南京师范大学美术学院院长、教授、博士生导师。
现为中国国家画院国画院副院长。

我仍然保留着那一份热情

文／范扬

我的生日是1955年1月27日。出生在香港铜锣湾圣保罗医院，这家医院现还在，我后来也去大门口照了个相留念。我祖籍是江苏南通，自小我在南通老家外婆家，小学是南通师范第二附小，通师二附，南通市小学第一块牌子，我祖母是校长。高中是通中，王牌学校。通中出两种人，一种是纯抽象思维的、科学研究基础理论类的院士，如数学家杨乐；一种是最具象的画家，如国画家范曾。顺便说一句，范曾是我嫡亲的叔叔。

我17岁高中毕业（1972年），进了南通市工艺美术研究所，学画，学民间工艺，学剪纸，画刺绣画稿，临《八十七神仙卷》，临宋画，练白描，严格训练，严格要求，有点童子功的意思。当时，有吴冠中、黄永玉、范曾、袁运甫、袁运生、高冠华、韩美林等大师到南通，到工艺美术研究所讲学、作画，教授生徒，我获益匪浅。当时，我的学友有林晓、许平、徐艺乙、卜元、冷冰川等，我们一并长成。

1977年恢复高考，我考上了南京师范学院（现为南京师范大学）美术系，1978年2月入学。美术系是老中央大学的底子，吕凤子、徐悲鸿、陈之佛、吕斯百、傅抱石等在此办学，育人无数，大师辈出，学风正派，学术严谨。我读四年本科，画素描、色彩，有徐明华先生教；学书法，有尉天池先生指导；国画讲座有杨建侯先生；西洋美术史是秦宣夫先生讲授。老师都是一流的，学生也肯努力。1982年，我留校做了助教，后来讲师、副教授、教授，1998年任美术系主任，1999年美术系改美术学院，我任院长。2005年调到北京，任中国国家画院山水画研究室主任。我画中国画，山水、人物兼及花鸟。学师范，这都要会，也都要好。我曾画过一幅《支前》（1984年），大场面，画得不错，中国美术馆收藏。现在二十年过去，画儿也还站得住，不是一风吹的作品。我的山水属于浑厚一路，用水也还滋润。传统上我下过功夫，自认是打进去了。走出来的尝试，是要师造化。前几年，我画了一组《皖南写生》，也能看看。再往下走，我师我心，还有很长的路要走。我还会一点艺术设计，我设计了三套邮票：《太湖》5枚、小型张1枚（1995年）；《周恩来同志诞生100年》4枚（1998年）；《普陀秀色》6枚（1999年）。这些邮票国家正式发行，说明我大学里艺术设计课程学有所用，素质还算全面。我出了本《范扬画集》，另也编了几本册子，参加过若干画展。我访问过埃及、法国、德国、意大利、西班牙、俄罗斯、韩国、日本，看了许许多多的巨匠名作，因此，知道了自己的渺小，有了许多的感慨。

但是，我仍然保留着那一份初始学画时的热情。我喜欢画画，画画对于我来说，不是事业，是生活。我看我这一辈子，别的也不会了，我只会画画。“丹青不知老将至，富贵于我如浮云”，古人说得真好，常读常新。

另外，范扬的“范”是草头范，范扬的“扬”是提手扬，这也是我经常要告诉为我治印的朋友和为我发稿的编辑的注意事项。

范扬／两京行走

Fan Yang

艺术家的一生，正如董其昌所言，读万卷书，行万里路是必修课。其间可以感悟人生，提升智慧，大多沾染艺术的人乐此不疲地去完成自己的生命历程。佛家所言，万事皆是缘，与亲情、与友情、与地域、与环境，都会相关相联。比如城市乡村，比如饮食口味，比如气温衣着，沾上了渐成习惯，一方水土养一方人，挺有道理。

画家范扬，南北兼顾，几十年来游历诸多，但最重要的还应该是江苏和北京，近几年开始了他的新征途，两京行走成为他的主要生活状态。（文／子游）

范扬/古都·南京

古都南京，人文丰厚，在这里是范扬成就事业的地方，同时也是他收获爱情的城市，多少梦想和憧憬，多少汗水和功夫，这里收存了他青春背影，也播下了卓然成就的种子。面对南京，前辈大师的风采激励了少年壮志，心怀敬畏与勤勉有加成为相约北京的动力。（文/范扬）

/首都·北京

首都北京，开放、包容、新鲜、深厚成为一个时代的标志。范扬入京五年，收获卓越，南北师法，取其优长，在勾勒中取得乐趣，于教学里参悟心声，一笔一画自如流畅，气势如弘，从容领略。或许，这里是他的福地。（文/范扬）

/画佛

《心经》有云：『观自在菩萨，行深般若波罗蜜多时，照见五蕴皆空。舍利子，色不异空，空不异色；色即是空，空即是色……』这样的经典，对于普通人而言，恐怕没有实质性的帮助，什么是生，什么是死，谁也不敢说自己就弄明白了，现实的关照诸多是因眼前发生做其判断，相信这是真的，没见到的，很难做出一个判断。

画画讲究虚实相生，才能气韵生动，生动是目的，懂得生动就靠天质靠修为，有修为才有可能有品格，有格才有生命力。可谓层层相扣，层层鲜活，与此相关，莫不是与传统文化中的儒释道息息相关，懂与不懂相差千里，这里的玄机，一个字『缘』。（文/范扬）

画画对我来说是一种常态

文／选自《画风》丛书

治艺之路

编者（以下简称“编”）：你出生在香港，祖籍南通，一个是世界移民大都会，一个是历史文化名城，这两个城市对你的人生、艺术有怎样的影响？

范扬（以下简称“范”）：我在香港出生，一岁多就回内地了。据我外婆回忆，我刚回来的时候说着一口广东话。南通的冬天非常冷，我最常说的一句就是：“好冻啊！好冻啊！”这句话后来成为我的经典名言，可见我从小就懂得世间的冷暖。（笑）出生于香港对我最大的影响应该是“文革”，那时我父母在香港、我在南通师范第二附属小学读书，我的祖母任校长，她是一位令人敬重的教育家，但在当时她被人指控参加“蓝衣社”，打成老牌特务，经常被拎出来批判。批判的时候，红卫兵总是不忘加一句：她的儿子还在香港！当时我很困惑，我父亲在香港只是最普通的劳动人民，这有什么错呢？是“文革”让我觉得人心险恶，也在我的童年里留下阴影，所以说生在香港对我影响至深。关于我在香港的记忆只停留在父亲当年为我拍的照片上，照片里的我穿戴洋气，所以我说我有一个很洋气的童年。

编：你父亲在香港做什么？

范：银行职员。那时他的舅舅是香港的银行家，我父亲是跟着他的舅舅做事。我父亲擅长写诗，会画一点山水画。关于这点我母亲有一个非常有趣的段子，她说她小时候看她的父亲（即我的外公）拿着毛笔点啊点，画些山水去卖钱；而如今她又看见她儿子也整天拿着毛笔点啊点，也说是画些山水去卖钱。（笑）

这很有意思，这就是文人系统的家学传承，这种传承在我母亲的话里很直观、很精彩地体现出来了。南通是一个文人荟萃的地方，而我们家在南通是世家，祖上明末时在南京做官，退休后迁到南通，到我这辈已是第十四代。南通剑山上有一块董其昌题字的碑，其中有这样的碑文：应南通范某某之邀写此碑。其中提到的范某即是我的祖辈，所以南通对我的影响，谓大矣。我毕业的南通中学是个很厉害的地方，我总结过，南通中学出两种人：一种是画家，赵无极、范曾、袁运甫、袁运生都是南通中学出来的；还有一种是科学家，中科院的很多院士都出自那里，例如杨乐等等。最初办学的那批人，包括我的祖辈，都是旧式文人，这类人都是重理念、重思维的，所以培养出来的都是中科院院士，很少有工程院的。可以说南通对我的影响是潜移默化的。

编：地域对人的价值观与人格影响比较重要，可以与你今后的人生选择与思考连接起来。

范：对。南通是个奇特的地方，历史上曾有一批蒙古军队驻扎在那里，后来渐渐同化，我的母亲就是蒙古族人。我现在画画很文气，但也有很野的一面，有纵横天下的意味，这就是血脉在起作用。我在南通中学毕业后没有下乡，毕业生大多进了工厂，我自己选择的地方是南通工艺美术研究所，“文革”末期有很多名家前去讲学，有庞薰琹、黄永玉、吴冠中、范曾、袁运甫、袁运生、韩美林等。那时候韩美林在那里一住就是几十天，与我们一起吃西瓜、讲故事，那时候称他为老师，现在他已经成大师了。当时这些画家教学都很认真，吴冠中把画一张张拿给我们看，可以说是悉心指导，等于现在的研究生课程，可现在的研究生这样的机会却很少了。

编：在一个人的人生历程中，总会不断地追溯自己的根脉，这包括文化传承和血统渊源，据说你是范仲淹的后代，这样的说法是否准确？

范：我的高祖范当世的父亲，是桐城派一个了不起的人物，京师大学堂第一任总办吴汝纶撰，清末状元、实业家张謇用小楷亲笔书写其墓志铭，第一句就是“南通范氏有宋乃文正公之后也”，碑拓现在还在我手上。有次我在山东济南大明湖游览，历下亭里正巧有卖百家姓的，翻到范姓家谱即有范仲淹，清末有范当世，那就是我高祖（即祖父的祖父）的名字，可见这并不是道听途说来的。

编：你找到了自己的文脉所在，是否会坚定你继承祖辈文化的信念？

范：可能是有一点文脉传承的。我举个例子，我们家的人对文学艺术的领悟非常快。从小到大，我都认为自己是这个时代最好的画家，差不多从学画的第一天起就确定了这个理想，有人笑我这样的说法，我觉得这并不可笑，人到这个年岁还不失赤子之心，还有理想，这是可贵的。有位大学同学跟我讲：我认为你在大学里很有才，但大家都有才华，近年发现你愈发厉害，这原来是血脉

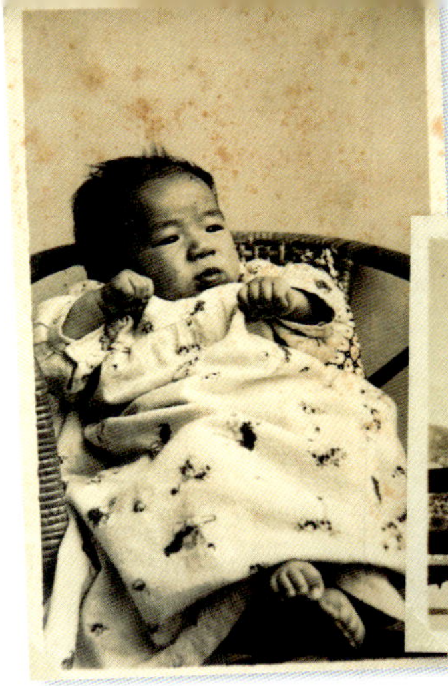

起了作用。一方面，可能因为我对目标的肯定造就了我的自信、自强；另一方面，或许真的就是血脉遗传的作用。

编：谈谈你在南通工艺美术研究所的情况？

范：我在南通工艺美术研究所时的工作是画剪纸、刺绣稿子，刺绣稿的内容主要是古画，如《虢国夫人游春图》、《八十七神仙卷》等等。

编：怪不得你的人物画画得这样出色。

范：那时其他孩子都在画什么呢？他们都在画毛主席像、工农兵像，而我却在画《八十七神仙卷》，这好比龟兔赛跑，跑得虽不快，但比别人早跑了二十多年，所以就算只笨鸟也比别人飞得快了，况且我也不那么笨。（笑）所以我从骨子里便归属于文人系统，年轻时的积淀、家族的渊源、学习的契机等，都是上天给予我的得天独厚的条件。

编：我觉得这个得天独厚太重要了，因为你在这里找到了文化认同、精神认同。你在南通工艺美术研究所工作的经历非常重要，是对中国传统文化的一种长期学习和实践。齐白石早年当木匠时做木刻，这些实践都对他日后的艺术创作起了至关重要的作用。

范：很多人说齐白石是文人画之最，我认为并不是这样。我笑称他的篆刻是木匠刀法，画画是粗枝大叶，但粗枝大叶不等于不好，可能是暗合了文人画的禅意，由于他是劳动人民出身，他的画里面融入了民间艺术的新鲜、活泼。我在南通工艺美术研究所工作的那五六年，体会最深的就是得到了民间艺术的新鲜、活泼。所以我的用笔并不是死的，是从精神上的活泼转化为样式上的活泼，古人常用这样的词“活泼泼地”，毛主席也说“团结、紧张、严肃、活泼”，这也等于中国画论中的“气韵生动”。外国人经常画死鱼、死虾、死野鸡，而我们中国人就从来不画，就连烹

（前排）左起：小姑范济 祖父范子愚 小叔范曾 祖母缪镜心
（后排）左起：伯父范恒 父亲范临 母亲镇以和 大姑范泰 1950年

饪也要选鲜活的，这真是中西方审美的差异，从这些小细节中就能体现出来。

编：谈谈你在工艺美术研究所与那些名家的交往。

范：我认为那时黄永玉画得最好，我曾见过他画的一幅白描拙政园写生手卷，当场写生，让人折服，真是个大才子。黄永玉、吴冠中这些人到晚年把艺术当成一种享受、一种滋养，活得比较快活。可能我们有时候会沉重一点，会想自己的画留在美术史上，后人该如何评价呢？可这些老先生不管这些，可能他们是对的，我们太多执著。艺术是为什么呢？为自己呀，这些老先生用艺术滋养生命，这是艺术的最高境界。可能我们没到那个年龄，我们这个年龄还不能充分认识到艺术与自己的关系。

我在研究所的时候（1975年）画了一组剪纸《新人新事》，入选全国美展，而且还非常荣幸地刊登在《美术》杂志的封三。这组作品当时署名南通工艺美术研究所创作，实际上是我画的。还有一件有意思的事是当时安徽美术出版社有一个连环画征稿叫《桑弘羊舌战群儒》，范曾对我说你拿去画吧，两个月内完成。当时我对连环画一窍不通，但是照样拿回来了，刻苦了两个月完成，一共45张，完成后我非常高兴，因为我那时才20岁就有了属于自己的连环画作品。可是交稿后等了一年没音信，终于有一天出版了，并寄来50本画册，8分钱一本，等于40块钱，那时候是没有稿费的。我非常高兴，逢人便送，最后自己一本也没留下。后来我的学生搜寻了很久终于在网上帮我买了回来。更有意思的是，那本连环画封面是贾德江画的，当时书出版是1975年，30年以后我到北京才见到了他。

年幼时的范扬

父亲范临与母亲镇以和
在香港 1948年

父亲范临与母亲镇以和
在香港 1965年

父亲范临与姐姐范襄和
范扬 1956年

父亲范临与母亲镇以和
1960年

父亲范临与母亲镇以和
1964年

父亲范临与母亲镇以和
合影 1964年

父亲范临与母亲镇以和
合影 1963年

浅绛山水　70cm×40cm　纸本设色　1992

编：对你有过影响的书有哪些？

范：我从小便读过很多书，这是我们家的习惯。小时候我要爷爷给我开读书单，他说你什么都看，开卷有益，今天读不懂没关系，慢慢就会融会贯通的，读得越多，懂得越多。于是我古今中外的书统统都读，有时候真是读不懂也硬着头皮读下去。我没读过自然、物理、地理，但最后都会融会贯通的。我前几天到山东长岛去玩，看到那里的海图，好像地图一样。我说那些露出水面的东西好像一组山峰的顶尖，当地人说你说得对，地质学家分析，这些是长白山的余脉。我觉得这就是直觉。马克思、恩格斯讲巴尔扎克，说他的直觉充分地反映了社会，这种反映比社会学家更真实。而我们艺术家也从形象的直觉上融会贯通，才可以一语中的，才可以更接近真理。这种直觉的养成就是多看、多读、多想，才能耳聪目明。奥运会上中国举重运动员摘得第一金的时候，我正和几个文人边吃饭边看实况转播，我说这真是"一举成功"，即时、即地、即兴，此时就是此时，此时不是彼时啊，这里也有一点禅宗思想的，这个"一举成功"在这时候用最恰如其分，禅宗里好多公案也是即时即兴得来的，这个即时即兴就是现代讲的即时教育、情境教育。我最近做的教学实录，也融入了这样的想法，虽然不是画语录式的，最起码是原始的、新鲜的、生动的，即时即地地说出一些教学的想法。

编：有点孔子《论语》的意味。

范：是的。《论语》、《毛主席语录》、《石涛画语录》，很生动，很真实，也很有内容。西方人搞理论一搞就是一套。

编：谈谈你在南京师范大学时的经历？

范：好。我和我太太都是77级的大学生，高考时我非常自信，那时我说：如果南通市只录取一个人的话非我莫属，最后果然录取了。这是用我的自信与能力来达到的，菲尔普斯如果没有能力也不敢在奥运会上说大话，要拿8块金牌，也就拿到了；而刘翔总是不让大家说他能拿第一名，果然他也拿不到。

南京师范大学是一所很伟大的学校，我在那做美术学院院长的时候正赶上庆祝南京师范大学成立一百周年。她是中国最早成立的几所大学之一，前身是两江优级师范学堂，当时清政府发文创建，范当世（我的祖辈）就曾在那里任总教。那时仿日本教学模式，有日本总教和中国总教，范当世就职中国总教（即首席教授）。范当世在给他夫人的信中还提到：日本的教员总是歧视人，今天我去找他们理论了一番，日本人肃然起敬。为什么他能做范总教呢？因为当时那任校长是陈三立，

过香积寺　70cm×70cm　纸本设色　1995

山色苍润　70cm×70cm　纸本设色　1995

山水 70cm×70cm 纸本设色 1995

他与我们家是儿女亲家，陈师曾娶了我们范家媳妇，并在南通范家住了3年，同时在南通师范任教。你看陈衡恪年谱：9岁跟范仲霖学书法，19岁娶范某某为妻。他在南通师范任教时去上海找吴昌硕学习，当时吴昌硕非常高兴，陈衡恪的祖父是陈宝箴，父亲是陈三立，他觉得很荣幸，那时潘天寿也拜在吴昌硕的门下。

编：院长当了几年？

范：我当了两年系主任，4年院长。但我在职期间建了美术学博士点。

徐悲鸿在这个院系里待了18年，傅抱石23年，陈之佛24年，除了少数几位画家比如潘天寿、刘海粟等没有在这里任过教以外，林风眠、弘一法师等许多名家都在这里任过教。

说到弘一法师还有一个故事，我爷爷当年虽然考取北大但并没有上学，而去了上海美专读书，在此之前他从没说过他会画画以及上学的经历，直到他去世我才知道。南通人喜欢写掌故，而他与弘一法师的故事就记载在这些掌故里。我爷爷在上海美专的时候到西湖写生，这时候他背后有一位长者对他说："远处树上的鸟不能画太细致，树也不能画得太清楚。"听到指点，我爷爷向他致谢。长者问："你是哪里人？"我爷爷回答："南通人。"长者又问："你是否认识范罕？"我爷爷回答："正是家父。"长者感慨道："故人之子啊。"走后派人送了一卷纸给我爷爷，那位长者正是弘一法师。

我刚到南京师大学习的时候，我发现大家都习惯用铅笔画长期作业，而我用木炭画。秦宣夫那时是美术系主任，但很少来学校，有一次他让老师把所有作品都挂在墙

空山新雨　68cm×40cm　纸本设色　1996

过眼烟云　138cm×50cm　纸本设色　1999

上，他看到我的画非常激动，说："这张是最好的！"从此我就成了学校素描最好的，因为秦老都说好嘛！其实秦老看好我的画还是有渊源的，秦老是从法国回来的，对俄罗斯教学体系看不惯又不好意思说，他难得看到一个人用木炭在画，马上找到了共鸣，实际上我不一定是画得最好的。这是一种学术路线的潜在斗争，就好像李可染说黄秋园好得不得了，实际上是倡导自己的艺术主张，但不好意思说，就用这种方式来表达。正是因为秦老赞赏我这个机缘，后来我留校了。校方说你素描好就留在素描教研组吧，我说我要画国画，就去了国画组。

编：你有一批水墨组画是不是就在那个时期画的，我们最早熟知你的画就是《江苏画刊》上的那组画。

范：我那批画画得很好，是后来到西双版纳画的。我在南通老家海边上还画了一批工笔的牛，几乎没有发表过，但是画得挺好。

编：你是个特别风趣幽默的人，你的家人跟你在一起生活一定特别有乐趣吧。

范：是啊，我还在家里唱歌呢，前一阵唱《菊花台》，现在唱《我和你》。关于《菊花台》我也有个故事，那时到处都放周杰伦的《菊花台》，我就问："这个哼哼唧唧唱歌的女人是谁啊？"有一次我的澄怀馆里有一位小朋友来做客，我要他背一首唐诗。他小手一背，摇头晃脑地背起来："朝辞白帝彩云间……"腔调、动态、手法与幼儿园女教师一模一样，这就是时代造就的现象，因为现在这些孩子几乎都是女教师教出来的。还有《我和你》其中一句歌词：为梦想，千里行，相聚在北京。我当时就发现不应该是千里行啊，千里行那是全国运动会，奥运会应该是万里行啊！我经常对生活中司空见惯的事物提出质疑。但这次奥运会开幕式我们要大大表扬张艺谋导演，因为他把中国画，尤其是中国山水画长卷作为整个开幕式的基本框架，我为他鼓掌！原来我并不认为他有多高，通过他这次大场面的导演，我对他有了重新的认识。最起码他没有把"798"的东西拿出来给外国人看，不是说"798"不好，它很前卫、很现代、很有市场，但是它并不能代表中国，既不能代表中国的过去，也不能代表中国的现在，更不能代表中国的未来，这说明真正时刻能够拿上台面来的，还是中国传统艺术。一个小孩用烂泥做了一个小人儿，他就认为自己是个雕塑家、天才的创造者而得意洋洋，但是关键时刻拉出来遛遛的时候，它就是一头骡子而不是马，骡子是杂交的，没有生命力，没有下一代；而把马遛出来，它是有繁殖能力的，有生命力也有创造性。人们常说"风马牛不相及"，小时候家长问我：你知道什么叫风马牛不相及吗？我说不知道。我舅舅告诉我，那句的意思是发了情的马和牛是不会交配的。人们老是讲当代艺术是现代的，而我范扬是古代的吗？我认为最后能够代表中国现代艺术的一定是我们这一批人，将来遛出来看看的时候，是马而不是骡子。

编： 在南京时你主要画人物画，一次访谈中你曾说到那时你是比较超前激进的，但现在来看你还是比较传统的，这种超前激进反映在哪方面？

范： 1985年我从西双版纳写生回来，画了一组水墨画。我觉得图式、手法与现代水墨不相上下，我在二十多年前就画出了这样的作品。

编： 当年你画了那批“前卫水墨”之后却下决心回归传统，10年不参加展览，苦心钻研，这期间你下了怎样的功夫？

范： 那时我认识到很多看似聪明的画并不能长久，你看那些以才子著称的画家到了晚年基本上都画得不好。我在文章中写到：倘若指着一个人说他很有才气，这样形容年轻人尚可，形容老年人就有点牵强。人到老了以后他的智慧、人格、品性、心境等都不可以用“才气”二字来概括准确了，靠“才气”吃饭的人往往会有才尽的一天。

编： 人到了一定年龄之后作品传达出来的信息量一定是非常丰富的，而不是靠才气来支撑的。

范： 对，如果某个画家一直靠才气吃饭，往往是一时的，不是一世的，更不能是跨世的。

编： 在南京时你的个人笔墨语言已经形成，那时候你是否对自己的艺术未来有一个理性的思考？

范： 我认为无论走怎样的道路，我都对自己有充分的自信，认为我必定是这个时代最优秀的画家。我经常有很多想法、样式想表现出来，很多画家经常苦闷地跟我说他不知道画什么，不知道怎样画，而我恰恰是思如泉涌，有很多东西想表达。我前几天去成都，看了三星堆、金沙遗址，我又突然有很多想法要画。好多画家经常思考用什么方法画，我觉得用什么方法都能画。

编： 你那些源源不断的资源与灵感来自哪里呢？

范： 可能是我长期的修为或对生活细心的体会，我认为这就是才能。

编： 如果把你修炼的这10年用时间段来划分的话，你读书、看画、临摹各用了多长时间？

范： 先不说时间的分段，有关读画我举个具体例子吧，我为什么喜欢画红衣罗汉？我喜

湖山放艇 70cm×50cm 纸本设色 2001

欢赵孟頫的《红衣西域僧图》，我把刊登在《艺苑掇英》上的那张画撕下来贴在床头好多年。为什么我现在画红衣罗汉一发不可收拾呢？真是与天天面对传统绘画有关系。其实我随时都在读画，每天登榻如厕都在看。我曾把挂历上一张王原祁的画挂在墙上两三年，天天看这张画。所以我就有了这样的体会：王原祁画白云常留空白，什么都没有。徐悲鸿不屑地说"四王"画的云像白纸剪贴上去的一样。那是他们不懂，其实到了最高境界的时候，白云无瑕，是没有阴影的。渐渐地我就会觉得王原祁处理得高明，这个没有染出白云的阴阳向背，现在看来，高级啊！

编：我为什么要问时间分段的问题呢？因为陆俨少曾经说过："四分读书，三分写字，三分作画，诗书画三者统一，才能成为名副其实的画家。"张大千也说"七分人事，三分天"，你怎么看这样的说法？

范：所谓谋事在人成事在天，这种说法绝对是对的。但是有些事你不去谋求它，你永远都得不到的。

编：你认为自己南京时期最重要的作品有哪一些？

范：我为"六届美展"创作的《支前》，得了铜奖，但是它在我的心目中是金奖，因为过了这么多年，当时的很多作品都不能看了，这张还能看。我比较满意的还有我刚才说过的，在西双版纳画的写生《绿色丛林》，我觉得我的那种画法在20年以后被最前卫的画家找到了。

编：那是种什么画法？

范：大水墨的写意。在南京我还画了一组工笔《唐诗组画》，我觉得这组画体现出了我的绘画水平以及对传统的认识。徐乐乐看到这组画也说："哎呀，没想到你能画得这样好！"

编：其实你的工笔也画得非常好，一张《支前》就足够了，已经能代表你工笔画的高度，其实现在很多画家画工笔都很难超越那张画。

范：不瞒你说，我自己都觉得那是新中国成立以来的工笔作品中，既传统又现代、又个性化的一张好作品。

编：就像钱钟书只写了一部《围城》，同样让后人感叹一样。

范：我通过这张作品研究出我的作画心得，而且这种心得是很高明的，是不过时的，有一定的时代高度。此外我在南京的作品还有一组《皖南写生》，可以说那组画是我打开画坛的钥匙，因为我过去的作品有底蕴、有功力，但个人的符号不是那么明显。《皖南写生》是到目前为止自己比较满意的作品，好像机器调节到最佳状态时出产的产品。

皖南写生　140cm×70cm　纸本设色　1997

编：那组画是把你对传统山水画的理解与你个人的心性结合起来了，是一种更为自由的表达。

范：我觉得我也是在解决前人想解决但是尚未解决的问题，前人对山水画，不管他是多么大的大师，要么是像黄宾虹那样传统的集大成者，依托写生的时候无非是师造化、师古人。黄宾虹师古人但又集合了师造化的心理因素；傅抱石先生和李可染先生，他们师造化的时候心态上有一点点为对象所控制。我的想法是要做山川的主人，且看我翻手为云覆手为雨。他们做的是：且细把江山图画；我做的是：待重头收拾旧山河。这里有一个主动性和被动性在里头。

编：也许与血统有关系，汉人受儒家文化影响比较严谨，而你有蒙古族人的血统，很豪迈。

范：他们在有限的时间，已经最大限度地展现了自己的才华。

编：是不是等同于凡·高画麦田与向日葵那个巅峰时期？

范：那时候真是才情、创造性、生活都处于最佳状态的时期，突然才情好像迸发了一样。

编：那批画了有十多张吧！

范：二三十张，发表的有二十张左右。

编：当初你画《皖南写生》有什么缘起吗？

范：感谢江苏美协组织我们去写生，这是一个很好的传统，那时候真是像歌里唱的，为梦想千里行，所以画家一定要趁着有才情、有感觉的时候抓紧画。前几天我看《达利语录》，达利说，如果你内心有一个想法，五天内不画出来，就再也无法画出了。

听泉书屋 70cm×40cm 纸本设色 2001

这就是中国人讲的灵光一现，而西方人讲话很土，也可能中文翻译得很土，像达利这样的大画家也一样，而中国人几个字就把这种感觉讲出来了。这里我又要讲一个中西审美原则的问题，中国人眼中的美女增之一分则太长，减之一分则太短；外国人呢，重视三围，要看胸有多大，臀部多少尺寸，这是一种很土、很低级的审美。现在中国人对西方好的东西不学，专门学这种浅显的标准、低级的情趣。

编：我最近看了一套书叫《文化中国》，很多学者也在倡导大学里要加强“通识教育”，把中国传统文化中的经典重新学习、解读、认识，不要盲目崇尚西方表层的东西，重新认识自己。谈谈你来北京的情况？

范：北京是中国的政治文化中心，我要是不来就仅仅是一个江苏的画家，来了以后我就是全国的画家。我现在是中国国家画院山水创作室主任，证明了我就是国家队的主力。

好多人问我中国国家画院是个什么概念？我回答：你听说过中国京剧院吗？中国京剧院的角儿应该是唱京剧最好的吧，国家画院也是如此。如果我还在南师大做院长，人家就会很疑惑，你是画得最好的吗，而我来北京就是证明了这一点。有朋友对我说：你来北京不好混啊！水很深。我说水太浅的地方我不喜欢，如果鱼比较小在水浅的地方没有关系，而鱼比较大呢，就感觉游在脸盆里不能翻身，又不好游。来北京以后我觉得水深真好，所谓“海阔凭鱼跃”就是这个道理。实事求是讲，我觉得北京人很好，有开阔的胸怀，容纳了我，我在这里非常地自在，这个城市很适合我。我太太对我讲：北京真的待你很厚、因为有很多朋友容纳了我，提携了我。

编：你来北京是想圆一个大画家的愿望，还是你人生规划中的一部分，还是有其他的契机和原因？

范：当时我院长做得烦了，也想过换地方，我来北京似乎是天意。我并不比别人笨，我还比别人勤奋，我为什么不能取得成功呢。我们与前辈相比，条件比他们要好。我们看到埃及、希腊、意大利、法国的艺术，而许多老画家要到很老的时候才能看到，看到的时候也没有大用处了。

放舟五湖　68cm×138cm　纸本设色　2001

秋山书屋　138cm×68cm　纸本设色　2000

秋山隐逸　140cm×70cm　纸本设色　2001

范扬 北京寓所周边环境

编：最近故宫、美术馆展出好多国宝，我们有幸可以一看再看，这是相比老一辈画家的优越之处。

范：是啊，首都博物馆最近展出了张旭、董源等许多古代名家的精品。我们的前辈较少有机会亲眼目睹，何况是国外艺术大师们的画作，那时候能看到苏联的就不错了，甚至还要被剥夺画画的权利，下放到农场劳动改造。

编：其实在世的老一辈画家也有一些缺憾，因为在艺术触觉最敏锐的时候没有看到这些好东西，而在作品成形的时候却已经无法重来了。而当今老一辈作家也处于这样的状态，阿城在访谈中说，他年轻的时候没什么书可看。

范：所以说我们是幸运的。

编：到了国家画院你因为教学的原因开始大量写生，谈谈你写生的感受。

范：我到北京来发现北京的画家都用毛笔写生，可我在南方时都是用铅笔画的。因为我要带学生出去写生，学生都用毛笔画，老师不能不会的，可我十八般武艺都拿得起，用毛笔画画的感觉很好。写生会有很多现场的信息进入画面，所以我就跟学生讲：大家要拿起笔来到现场去画，这时候古人的笔墨就用不上了。古人的笔墨是有限的，大自然是无限的，要把有限的笔墨运用到无限的

浅绛山水　140cm×50cm　纸本墨笔　2001

大自然中去，你才会有创造。

编：你的回答正好暗合了我下一个问题，写生之后你的笔墨与自然之气有了更好的连接，这个时期你对“师古人”与“师造化”有了更深的体悟吧，你是如何把握这二者的关系的？

范：我现在就是“师古人”之后的“师造化”。我发现许多明清的画家我已经看不上了，只有最好的几位画家才值得我学习，这是我最近对“师古人”的新认识，只有最好的画家和最好的画才能令我怦然心动。陈子昂说：“前不见古人，后不见来者。”而我要追上古人，更让后人难追。我现在所有的说法、想法都是从古人中来的。我现在这种绘画手法叫“勒字诀”，黄宾虹用点子来收拾画面，而我用“勒”来收拾画面。这个“勒”本来是工笔画术语，画完以后“勒”一遍，我把这个“勒”字用在山水画中。由于我的画比较奔放，信马由缰地过去，到最后能不能把马“勒”住，就需要你的驾驭能力了。这个“勒字诀”前人提过了，而我赋予它新的说法、新的做法，这就是我，从传统中走来的我。

编：可不可以这样理解，你在画画下笔的时候，是用一种比较感性、奔放的手法，而到最后收拾画面的时候，用“勒字诀”则是比较理性的手法。

范：“勒”时更需要才情和本领，最后收拾确实很重要。

编：其实你也有很多见性情的作品，寥寥几笔勾勒，画得很快。

范：是的，有些青绿山水画得很快。有人对我说：你画得太快了，你看齐白石先生画得很慢，李可染先生也画得很慢。但我回答他说：你有没有读过美术史，吴道子画得很快啊，吴道子一日画嘉陵江三百里呢；张旭书法如公孙大娘舞剑器，也很快啊。我们不能告诉吴道子画画慢一些，不能告诉李白作诗慢一些，因为慢下来就变成杜甫了。（笑）快与慢只是方法不同而已，各遵其道而已，倒是人们津津乐道的

浅绛山水　68.5cm×62cm　纸本设色　2001 [右页图]

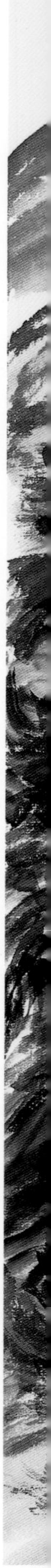

辛巳歲末作淺絳山水一幅似元人意味范揚並記

我研究历代成功的画家，皆经历三个阶段：一是神于好，二是精于勤，三是成于悟。凡是不喜好画的，就不可能学好画，甚至不会结缘于画；喜好画的，不勤奋作画，便不可能专精，也只是算作妙品，要达到神品、逸品，必要有『悟』的功夫。『悟』不到者，永远不能成为最高的画家，而且到了一定时候，锐气尽失，画的水平便会降下来。范扬，少而好画，盖出于天性，这使他自幼即结缘于画，留心于画，此之谓『神于好』。（文／陈传席）

是"当其下手风雨快，笔所未到气已吞"这样的名句和"立马可待"的做派。

编：一百米的世界冠军也是冠军啊。

范：这个比喻太好了，是最牛的项目，最难拿的冠军。

编：在个人视野与艺术交流方面，南京、北京肯定不一样。到北京后更加验证了你的绘画能力，挥毫运墨也更加自信，这从你不同时期的谈话与绘画中能够感觉得到。你曾说过：一位画家如果没有自信的话肯定画不好，你觉得一位画家自信的前提是什么？

范：是相信自己能够创造历史。

编：北京时期的代表作有哪些？

范：我来北京画了大约一百张写生，这是我这个阶段画得比较好的作品。有时候画一幅长卷写生要画七八个小时。

编：就绘画感受来说，南京与北京有什么不同？在这个跨越的过程中你个人变化最大的是什么？

范：我到了北京以后画得更加厚实了一点，也许是与北京厚重的历史沉淀相暗合。画画用的纸也有改变，我在南京的时候不用麻纸。

谈艺论道

编：谢赫在"六法论"中提出六法中核心的两法就是"气韵生动"、"骨法用笔"，你是如何理解"气韵"二字？具体到你的山水创作中是如何把握"气韵"的？

范：问得太好了。好多人问我画画用什么方法，我说什么方法都没用，我只用"六法"。首先，"气"通常理解为"有气无力"、"争了一口气"等等。打个比方：刘翔这次出来就是有气无力，而博尔特出来就是气贯长虹。绘画也好、体育也好，一旦气弱了就什么都弱了。所以世间万物什么都是要与气联系在一起的。"韵"与"气"有差别，"气"更侧重于精神方面，而"韵"则侧重艺术修养的追求。

编：我觉得"气"是与生俱来的东西，而"韵"是后天的自我调整、修为。

范："气"除了与生俱来以外，还有一个气数的意义，刘翔上次跑赢了，气就旺，不跑，气就弱。精神不垮，脚就不疼；精神一垮，脚就更疼。

编：具体到绘画实践中，"气韵生动"的根本还要落实在"骨法用笔"上，古人讲求"锥画沙"、"屋漏痕"、"金刚杵"等笔法，黄宾虹也总结出"平、圆、留、重、变"五笔之说。你如何理解"骨法用笔"，在"骨法用笔"中笔与墨的关系是怎样的？

范：骨法主要指结构，所以不能局限于"平、圆、留、重、变"等笔法上。你看顾恺之的画，说他的画有骨法，并不是讲线条而是讲内在结构。山有山的骨法，骨法不对山就不对。苏东坡讲"横看成岭侧成峰"，这就是山的构架。我对学生讲：如果你能把"横看成岭侧成峰，远近高低各不同"的感觉画出来，你的山水画就基本上成型了，至于"不识庐山真面目，只缘身在此山中"那就是上升到哲学理念的高度了。

编：你说你喜欢凡·高与塞尚，具体到绘画中他们对你在哪些方面有影响？我觉得你的线在笔法上有与他们相似的地方，塞尚喜欢重复画线，这样看起来很丰富。

范：有人说用一根线可以画好就无需重复，我觉得用多根线来画有时候会更好看，可以不断地修正，并在修正的过程中变得丰厚。

编：国外的版画是否对你有影响？

范：实际上我很喜欢柯勒惠支，德国表现主义的画。鲁迅有句话说得很高明："在唐，可取佛画的灿烂，线画的空实和明快。"从这句话可以看出鲁迅是很懂艺术的，这些大学者总是能看见我们平时看不见的东西。

编：你认为王原祁和塞尚是异曲同工，一个用块垒构成画面，一个用圆锥体、立方体构成画面，这是把形式构成作为绘画的核心价值，这是西方的理论观点。你在绘画的实践中是否考虑过审美追求在历史中所处的层面？

范：我对艺术和自己的看法是尽情尽兴，要画出自己的心性来，如果充分地体现出了我的心性，我就在这个时代留下了属于我的痕迹。因为我所有的教养与文化渊源都来自这个时代，只要你用心感悟和体验，对生活、对传统、对自己、对人生、对哲学，如果你用心体验并传达出来，就可以丰富艺术的领域，丰富中华民族精神的领域，只有这样才可以有承载的价值。当然画出心性不那么容易。举个例子，某画家找到一种形式画得很愉快，画得其乐无穷，其实只是找到了形式和个性，离心性还有一段距离。谁是画出心性的画家呢？徐渭是，凡·高也是。

编：你曾说过："石涛第一，我第二。"但你在文章里说石涛对你的影响不是太大，甚至你说故意避开他。但我觉得你的画在精神气象、审美追求、艺术理念上与石涛是相暗合的。

范：我觉得石涛的理论很好，一些小画画得也特别好。

编：他的大画画得有些累，一些小册页画得特别精彩。

范：我个人认为他的理论最高明。

编：你说你受敦煌壁画的影响很大，谈谈你的体会。

范：敦煌壁画天真、朴素。我也是学过民间工艺的，对此我有深刻的体会。民间艺术最大的优点就是生动、新鲜，我的作品也是追求生动、新鲜的感觉。

编：谈谈你的书法。

范：我从小便开始练书法，一直坚持到现在，先练颜字后练钟繇，之后陆续练过米字、苏字、黄庭坚，就是没有临过王字，我有意避开练他的字。我只能说我的字写得还算传统，还有一点点个性，我觉得将来我也能成为书法家。书家写字能写出很多变化来，这固然可喜，但变化太多未必是好事，你看八大的字并没有写出变化来，只写出一种风格，这就是所谓你变化万千，我嵬然不动，"我之为我，自有我在"的境界。我觉得中国画家字一定是要写好的，如果字写不好画也不会好，至少要懂、要通，最好要写好，这是基础。

听泉图　112cm×63cm　纸本设色　2001

林泉高致 140cm×35cm 纸本设色 2000

编：对，看你画画也是一笔一笔写出来的，可眼下一些大型美展很多画是制作出来的，已经淡化了书法用笔。应该说是展厅效应使中国画丢掉了笔墨价值，也就背离了中国画的核心价值，我觉得这种展览趋向的误导对于中国画的传承和发展是致命的，不知道你怎样看这种现象？

范：展览这种活动不参加不好，参加多了也不好。我在全国美展得了个奖，我就不想再参加别的展览了，我参加展览是为了证明自己的能力，但一次就够了。当时我年纪轻，你不参加展览别人会说你不会画画，参展是为了证明我是会画画的。年轻的画家都有这样的心态，但是一定要明白展览的目的。当然有些年轻画家急切地想通过展览出名，这也情有可原。我年轻时为了参加展览拼命在家画画，目的就是为了拿奖，最后拿了个铜牌，我挺失望的，但是我自己认为我拿的是金牌。后来很多人跟我说：你的那张《支前》挺耐看的，因为时间越长越能看出这张画的价值。

编：写生有目识心记和对景写生，古人从写生中总结出"三远法"，在西方也有平面构成，而你的画面协调自由，你是如何把这些方法贯穿到作品中的？

范：画画对我来说是件特别容易的事，很多人写生的对象是平时耳熟能详的景物，他们那不是写生，而是写熟，画自己熟悉的东西。朋友说：极其平凡的景物在你笔下就很好看。而很多人却在找自己熟悉的景象、自己能驾驭的景象写生。塞尚画画不需要煞费苦心找风景，几个苹果都能画成世界名作。有些书家也是，都是平时常写的内容写得拿手，换了内容就写不好。颜真卿写《祭侄文稿》的时候即兴拿起笔来就写，情绪饱满，这就是写出了心性，字能反映他当时义愤填膺的心态。

编：你说写生在过去是属于花鸟画范畴，人物画叫写真，山水画是观照，那么这个观照包含哪些层面的意思？

范：观照我理解为观察、照应，是一种心如明镜般的感应。我在文章中写：所谓天人合一的状态只有高人才能做到，而我们这些常人只有在写生的时候才是天人合一的时候。因为人们在写生的时候要全身心地观照、表现。

编：古人与当代人的生存状态完全不同，那么如今画家的生活方式是否应该回归古人的状态。

范：那不一定，古人不怎么写生的，古人天天看风景，重在目识心记。

编：现代人住在城市里，偶尔才去自然中写生，这种转变是否对作画有影响？

范：小时候听说有人写生画一棵树要画七个小时，我想这个人真笨呢，写生要画这么长时间。可是我自己去写生的时候好几幅写生都画了七八个小时，十分投入，所以这个时段才是天人合一的时段。我经常出去写生，可能这样比那些不与自然亲近的人得到更多的天意吧。

编：经常看你一边画画一边打手机一边聊天，这会不会影响你的艺术状态，你平时是如何调节自己的心态的？

范：我把画画当成生活的一部分，就像呼吸一样，我们不能一边呼吸一边说话吗？画画对别人来说要全神贯注，对我来说是一种常态。

溪响松声　45cm×60cm　纸本设色　2003

秋山古寺　45cm×60cm　纸本设色　2003

浅绛山水 45cm×60cm 纸本设色 2003

浅绛法仿元人意 45cm×60cm 纸本设色 2003

浑厚华滋　80cm×55cm　纸本设色　2002

我家墨法我家山

——读范扬画作

文／张咏（江苏省作家协会会员）

傅抱石昔年作《丽人行》，徐悲鸿读后题词云："抱石先生近作愈恣肆奔放，浑茫浩瀚，造景益变化无极，人物尤文理密察，可谓炉火纯青者非耶？余尝作画中九友诗咏之云：'门户荆关已尽摧，风云雷雨靖尘埃，问渠那得才如许，魄力都从大胆来！'"傅抱石熔会超乎一流之笔墨与放胆直取之魄力于一炉，赢得徐悲鸿高度赞赏，大师之间相知相重的深挚友情恰似傅雷之与黄宾虹，令人慨然兴叹。放眼当下国中画坛，"文人画"、"新文人画"相继而起，画家者流可谓多矣，然则尚能承传徐、傅二人浑厚劲健之笔墨衣钵者，又可谓寥寥矣。范扬先生以回归古典为依归，以超越前人为追寻，所作山水与人物笔厚墨沉、逸气可掬，一洗画坛污浊不堪之混沌气象，足可为当代中国画之创制开一新面也。

范扬生于南通范氏诗文世家，诗词古文等中国传统文化之童子功打得颇为扎实。高中毕业后进入南通市工艺美术研究所习画，随后考入南京师范学院美术系。创作民间工艺所需的刻绘基础兼之学院式教育的严谨精进，使其笔墨根柢坚实老到，游刃有余，日后偶一出手，自然笔下生辉，不同流俗。

范扬作山水，早期以细笔工笔人物刻写唐人诗意图，诸如王昌龄诗意及"青海长云暗雪山"、"秦时明月汉时关"一类，笔致精雅纤细，摹写极尽精工之能事，间或施以青绿浅绛之色调，并融入敦煌壁画之构图趣味，一派天真烂漫，虽则画面意境或有苍茫沉郁、磅礴大气之处，但总体上仍偏于秀雅一路。及至世纪转换之交，创作《皖南写生》、《农夫与耕牛》系列，画风乃为之一变，由工转写，由纤巧转凝重，在汲取宋元诸家如吴镇、王蒙、范宽、赵孟頫之基础上，又探得明董其昌、清王原祁与现代黄宾虹三家之笔墨意趣，以草草之逸笔来画取全景式山水，其山水几乎全以线条构成而弃用点苔，粗笔写山水，细笔写人物，画面多由线条及勾皴组成，除却题跋之外，天头地脚皆占满，笔墨淋漓，浑厚华滋。浑厚雄健、墨韵酣畅的画面线条之外，范扬的山水画作更充盈着一股"收拾旧河山"的气势之美，雄壮威武、刚猛奔放，甚或有些不可一世、目无余子，"当其下手风雨快，笔所未到气已吞"，画圣吴道子的自评之语用来移赠范扬亦至为允当。范扬自述，他作画宛似学禅修道，所欣赏歆慕的是南宗的顿悟精神，放笔直取、直指人心，"一超直入如来地，可得真经"。故此，其下笔落墨大胆、不假雕饰，于画面中追求强烈、厚重而浑然的更能表现中国美学高层次审美取向的效果。俗谚有云"艺高人胆大"，徐悲鸿给予傅抱石的激赏之词"魄力都从大胆来”，在范扬身上不期然而然地得到了坐实与印证。

与山水相较，范扬人物画亦不遑多让，所写多高士罗汉及观音像，缀以苍松茂林，足具佛禅意境。人物多身形颀长，古貌古心，或采芝深山，或闲爱修篁，或携琴游山，或秋溪钓艇，神情淡定而气格高古。尤其为众多收藏界人士所艳称的“红衣罗汉”可谓特出代表，简笔勾勒、流畅自然，禅悟菩提树下，坐卧石板岩前，无一不是翩然出世的闲云野鹤，亦无一不是画家内心精神世界之真实写照。读范扬山水人物，可以释躁平矜，神接千载之上。

读范扬之画，使我联想起其叔父范曾先生之画风。范曾之画人物为主而山水为辅，老子出关、钟馗神威等等，笔墨清新俊逸，洵为大家风范。但叔侄二人在线条、构图及个人风格上皆判然有别。范曾线条精谨凝练、笔笔送到，范扬则率意不羁，纵横涂抹；范曾近年推崇“为学日益、为道日损”，孜孜致力于八大山人简笔泼墨，构图大块留白，正在创作上大做着减法，风格简约老到、渐臻化境；范扬构图则饱满圆润、张力非凡，时而还做着加法，粗头乱服却是神完气足。尽管画面构成有别，但二人笔墨间所蕴藏的气韵则如一，对于中国画之前景同样葆有充足完满、不让前贤之自信，画面充溢流泻着中国传统文化之精髓，令人回味不尽。概而言之，诗文世家先天之涵养培育奠定了他们趋于一致的广博丰赡的综合文化素养，而各自在笔墨生涯中的不断修持历练，又造就了彼此不同的创作风貌。

近代学者陈师曾在其所著《文人画之价值》一文中有云：“文人画意趣高尚，而且寓书法于画法，使画半更觉不简单，非仅画之范图内用功便可了事，尚须从他种方面研究，始能出色。故宋元明清文人画颇占势力，盖其有各种素养、各种学问凑合得来。”范扬腹中有素养、有学问，因而绘画之外的“他种方面”，诸如书法及文章亦出色可观，以画家而兼书家、文章家者也。其书法，取法三国钟繇，旁及宋四家之米芾、黄庭坚，结体瘦长朴茂、欹侧多姿，行楷多用浓墨写之，秀逸妩媚如佳人照水，笔势豪纵又似金刚怒目，读来古趣天成，自有一种渊雅雍容之不凡气度。

范扬的文名为画名所掩，世人多有不知，实则其文字深得明清小品闲雅清逸之三昧，文风半文半白且用词简净，仅我所见《范扬自述》、《我说中国画柳暗花明》、《泉落青山出白云》、《湘西黔东南写生纪事》诸篇，篇篇文笔清通秀雅，识见更是超迈绝伦，真知灼见历历在目。尤其《湘西黔东南写生纪事》一篇可谓难得佳作，全文三千余字以浅近文言写出，以日记方式描写其于2007

风烟俱净　50cm×40cm　纸本设色　2002

年4月间率学员赴湘黔两省作山水写生之情形，文中刻画沿途所见之外，更有着深沉之思辨与非凡之自信。“十二日晨起，完成一件佳品，题曰《从张家界望天门山》，我颇得意。想当年前辈先生也作水墨写生，固然能以旧笔墨随新意态，但总也觉得是‘为形所役’，不能自主。而今我作图画，物劝意动，临事制宜，心之所悟，随手应之，可以自作主张，是为江山主人，略与石涛八大亲近也。”又如，“天黑入城，鲁子华及其拜把子兄弟三豪客在桥头迎候，安排照应，备大车小车各一辆，又携美酒八十斤、鲜果子两筐，预备一路享用”，陈述豪放爽脆、了无拖沓，与《水浒传》、《杨家将》等说部文字不无契合，盖因文如其人，古秀清雅之外，范扬亦是性情外放之豪客也。

2000年4月，时任南京师大美院院长的范扬返南通出席母校南通中学九十华诞庆典并书“群雁归来”条幅为贺，墨气淋漓且意境优美，予我印象良深，遂不揣唐突冒昧趋前致意。范先生平易谦恭，欣然接纳并与我略谈，其言行之率意、待人之诚笃令人难忘。数年之后闻听先生由金陵迁往京华，调任文化部中国国家画院山水画研究室主任，时时通会于南北、行走于两京，其画作亦笔酣墨沉，与各大拍卖行中节节攀升的画价一般更有进境了。

当与其会面八年之后的戊子深秋时节，范先生携弟子顾平再度返乡并于市中心美术馆举办师生联展，久矣未见，其性情之豪爽豁达一如既往，黑皮夹、花衬衫、斜挎包，犹似神游天下的背包客，一脸的和气率性，我于众声喧哗之中递上《当代中国画家研究丛书·范扬卷》请签名，接书后他信手于扉页上笔走龙蛇，“张咏先生雅存，范扬戊子秋日”，笔势灵动矫健，真有“笔所未到气已吞”之概。俄而当转身于人流稠密的展厅中时，即为众多观展者裹挟而去，邀为签名题字合影，几无片刻闲暇，而他处处应对周到，丝毫不见不耐之神色，其神情蔼然澹然，不矜不喜，所谓大家气象，于此约略可见也。

“后之视今，亦犹今之视昔”，范扬时常将自己置身于中国山水画史的历史坐标中去寻求定位，致力于与古人争短长，相信当数十年乃至百年后重新审视这一历史坐标时，当有他无可替代的一席之地。

苍润难得 50cm×40cm 纸本设色 2002

山路空翠　138cm×70cm　纸本设色　2002

溪山行旅　120cm×50cm　纸本设色　2001

我说中国画柳暗花明

文／范扬

中国画坛不平稳。

先是李小山说“中国画穷途末路”，一石激起千层浪，老画家们也吃了一惊。细想想，大约拿不出什么有力的证据能说明中国画比以往茁壮强大，所以有点张口结舌。好不容易，找到黄秋园的画儿，力捧之、夸奖之，追封中央美院教授头衔。老一辈人也是好心，不屑与小字辈争执是非，只是婉转地告诉青年人，不以规矩，不能成方圆，少年壮志不言愁，总不如天凉好个秋。年轻一代，少年气盛，不听老人言，不买这个账，他们自有说法。君不见楚骚、汉赋、唐诗、宋词曾当如何？今日也进了故纸堆。京剧两百年，算离得近的，艺术之高明，自不待说；影响之广泛，上至帝后，下到黎民，宫中乡里，海内海外，辉煌绚烂之极矣。待到新式话剧一出，而后再有电影、电视，京剧便冷落了，也成了要保护抢救之珍稀文化了。想想确实不服气，多少功夫下下去，多少精神提上来，行当作派，水袖台步，曾赢得满堂彩。到头来却不及歌星们摇头晃脑，把着话筒，伸胳膊踢腿，赚得痴男痴女神魂颠倒。时至今日，四大名旦不及四大天王，盖叫天不如成龙了。这有点像老画家，吮墨耕砚，舞弄一辈子，你说他这玩意儿过时了，岂不气煞。

后来，又有名家说，中国画“笔墨等于零”，捅了马蜂窝，讨论又开始了。

本来，中国画形式即是内容，风格就是人，无须废话，就算“笔墨等于零”，一切还要从零开始。

再后来，又有人提出传统中国画不可取，无藏身之地，是废纸。于是又有一争。

不知为何，关于中国画讨论的命题，倒是有点像说书匠的惊堂木，拍案惊奇，然后开讲。不同的是，说书先生肚子里有故事，是一言堂。而今天的宣讲者，不知他有何主张，故只能是群言堂，七嘴八舌，吵吵闹闹，各执己见，大声嚷嚷，有点像起哄。文章也多，看得懂的，看不懂的，有玄虚的，有实在的，有高明的，有卑微的。理论家们都挺忙的。

画家们不能空口清谈，只能往前走，也不管山重水复，也不管穷途末路。行到水穷处，坐看云起时。画家实际上也在思考，有时候直觉性的体验感悟或许更接近真理。展览很多，画儿很多，画家画作层出不穷，中国画坛繁荣兴旺，多元化。

大致分分，画家的艺术取向还是可以归类的。类型大约有三种：

一是延续传统，作故纸堆里的整理发掘。

传统是宝藏。现在大家认为的传统，已经是很宽泛的了，并不仅指宋元以来的主流水墨画，也

秋山隐逸　50cm×40cm　纸本设色　2002

听泉图 136cm×68cm 纸本设色 2002

不仅指“五四”以后的改良中国画。沿着传统走下去，也是一条很有意思的路子，纵深发掘，可汲取的东西很多。有巨人肩膀可攀，比自个儿在一旁蹦跳起点要高，可做的事也很多。我记得有大哲贤人指出，倘取唐风宋韵，掺和敦煌灿烂色泽，或能创造出新的中国画，挺宽阔的一条路子。固然，古人悠闲，诗书画印都会，但是今人视野开阔，中外兼顾，眼光自有不同。举个例子，有位画家朋友说，坐飞机时，凌虚御风，俯瞰大地，云烟遮掩，大地青绿，无边无垠，古人又不及我矣。眼界不同，笔下自然会有分别。我也认为，中国画有如围棋，是个高尚的智力游戏，其材质也简略，其变化也无穷。千载之下，聪明才智之士，沉浸其中，作精神锻炼，智慧陶冶，其乐也融融。所以，元四家以后有明四家、清初六家、扬州八怪、金陵八家；近现代有吴昌硕、齐白石、黄宾虹、潘天寿，气脉不散。自今而后，还会有人物涌现的，各领风骚，各在其时。这类画家，如佛家之渐修者，各人本着根性，修不成菩萨，修得个小佛儿也行。

二是搞“洋务运动”的。

国家开放，新潮涌来，五光十色，令人炫目。现代、后现代、装置艺术、行为种种，万花筒般。有如世纪初，外国文字涌入，新青年们觉得新鲜，说白话，写新诗，要“打倒孔家店”了。今日的中国画家，有点像早年人们译名著，林语堂谓之曰“汉语欧化”，有点生硬。新诗也有可看的，有感觉，但毛病是停留在感觉层面，浮光掠影，不得深入，不得深刻。搬弄现代水墨，画面给人的感觉总体上还是外国人的，有现代感是其好处，但拿来之后，本土化不够。文化这东西，不像桑塔纳技术容易移植，可以一蹴而就。我觉得，他们像是吃了德国捆蹄，又灌下去大扎啤酒，不大容易消化，脾胃不适。

再就是名目的提出，如“实验”类的字样，等于在说，我这还不行，我试试看的。不大自信，少一点中国气派。话说回来，尝试总是可贵的。他们的画作，给大家提供了视觉上、形式上拓展的可能性，他们是先行者，是后来人的铺路石。

反思之下，“五四”新文化运动热闹过后，真正留得住的，留在文学史上的，不是文学青年，而是那些吃透传统文化，有底蕴，继承发展的一路人物。他们并不急着要和外国接轨，却反而能够自立于世界民族之林，作品到今日，都还站得住脚跟。那么在今日之中国画坛，应该也有这类画家。

这一种类型的画家，简而言之，是继承创新的，这类画家人数最多。石涛上人说，“笔墨当随时代”，讲了两个内容：第一是要有笔墨；第二笔墨是与时俱进的。我们的前辈有经验可以给我们借鉴，徐悲鸿“中学为体，西学为用”，说得就不错，影响了一代人。林风眠、傅抱石、李可染等人，做得也不错。在体、用上，各人把握不同，有的偏西洋，有的偏中式，有的依托造化，靠写生支撑。这里要看到，他们的传统功夫不错，至少是有相当深入的了解和把握。还要看到他们共同关注的是在自然中讨生活，重视写生。套一句老话“师古人”以后是“师造化”。造化给人启发，逼着画家用自己的方式画，画着画着，就画出来了。成功的“师我心”的画家还没有，就形式的特立独行上抑或师心境界的层次上，都还不曾看见青藤和八大式的人物画作。岔开一句话，中国画真是魅力无穷，每当我打开徐渭、董其昌的画册，总是觉得受到刺激，前人智慧的光芒穿越时空，令我震颤。愿我们也能画得更好一些，让“后之视今，亦犹今之视昔”，则吾心足矣。

我们这一代画家开始走向成熟，人们开始重新审视中国本土文化的精髓。不少人有了主见，再穿唐装。这个倾向是在最近。

中国画生命力强大，画中国画的人真多，学院派、画院派，南派、北派，老画家、新文人，各自为营又互生互长，中国画坛热闹得很。中国画无疑有路，中国画柳暗花明。

一般而言，范扬的画大多都有通透明慧之气，但我们必须注意到，如果说范扬的画已具有『立象以尽意』的审美特征。那么他就不仅仅要通过笔墨造型传达所绘对象的内在的精神气息，这一点虽然也很重要，而且也必定会极为注重通过绘画材料肌理的表现，表达出只有中国的宣纸毛笔才能表现出的韵味之美，且使这种美成为一种有意指的语言，事实证明，正是这两方面的结合，使我们觉得他的画美不胜收。（文／傅京生）

山水　100cm×45cm　纸本设色　2002

秋意　140cm×55cm　纸本设色　2002

渔父图　60cm×35cm　纸本设色　2002

闲爱修篁静爱山　50cm×40cm　纸本设色　2002 [右页图]

閑愛修篁
靜愛山
壬午范揚

丘壑自然之理　120cm×35cm　纸本设色　2003

天地一沙鸥　45cm×33cm　纸本设色　2002

水云淡淡　110cm×70cm　纸本设色　2003

林泉高致　80cm×45cm　纸本设色　2003

2009年写生途中

我到了北京以后画得更加厚实了一点，也许是与北京厚重的历史沉淀相暗合。画画用的纸也有改变，我在南京的时候不用麻纸。（文/范扬）

我们走多远 当下中国画才能走多远

文/选自《藏画导刊》

《藏画导报》（以下简称“藏”）：前些时有言论说：画院里养了一群不会下蛋的鸡，你怎么看?

范扬（以下简称“范”）：吴冠中先生从来都是“语不惊人死不休”。国家有画院由来已久，汉代就有了国家养画家的记载，后来画《韩熙载夜宴图》的顾闳中也是国家养的画家。在西方，米开朗琪罗、达·芬奇等都是教廷供养的画家。这些国家养的画家我认为都是真正的大师。现在我们国家富足，传统文化又这么了不起，养几个画家有什么不好呢。我想说，我身处画院，不是要去做那种会生蛋的母鸡，我要做为实现中华民族伟大复兴而唱的一只雄鸡，听“雄鸡一唱，东方白”。这也是画院里画家共同的心声。1959年，国家要成立画院，这是周总理提出来的。周总理有眼光，他对于中华文化和文化传承的认识，恐怕要比一般人要深刻得多。

画院在当代美术领域是一个不可或缺的力量，许多优秀的画家都在画院，凭什么张三李四一说话，画院就不办了？上一个世纪是学院主导了中国画的走向，21世纪画院应承担起这个责任。学院是教学机构，画院是创作研究机构，我们的主要任务是光复中华文化。关于吴冠中先生的言论我有三点意见：一、画院应该办；二、画院里的画家要做“雄鸡”；三、周总理提出办画院，我们听他的。中国这么大，文化上更需要立定精神。目前国画现状呈现出多元，但我觉得还是应该有一个方向或主导，这个任务，画院要承担。

画院应该像是当年的黄埔军校，培养出一批一批的后备力量，然后把中华文化精神和绘画主张慢慢地渗透到全国各地，渐渐形成气候。目前的状态，我给它命题一个词——“聚气成形”，将来一定会有所作为。

藏：你如何理解当下的美术理论家和研究书画理论的博士?

范：我曾经和一个美术理论家进行过辩论，我说中国画论的发明者、启发者，绝大部分都是优秀的画家，比如顾恺之、郭熙、董其昌、石涛等。只有画得好，他的话才有说服力。对方反问我：那张彦远呢？他不会画画，但《历代名画记》却阐发了许多高明的理论，连谢赫的“六法论”也是从

我家墨法我家山 130cm×60cm 纸本设色 2003

我觉得北京人很好，有开阔的胸怀，容纳了我，我在这里非常的自在，这个城市很适合我。我太太对我讲：北京真的待你很厚，因为有很多朋友容纳了我，提携了我。（文／范扬）

北京 胡同街景

他那儿发扬光大的。我说你说得非常对，张彦远选摘的东西都很好，但是你没有注意，张彦远那本书叫《历代名画记》而不叫《六法论》。他非常明白自己在做什么。一个文章的题目最能说明问题，告诉大家是什么，或基本上是说什么。

藏：所有的理论只有拿实践作为基础才行。

范：不要紧，真正有价值的东西会一直存在，没有价值的东西自然会被淘汰。

藏：时间是一个很长的跑道，可以检验出来。

范：优胜劣汰。比如开饭店，你找几个美食家来谈论饭菜要做成怎么怎么样，可是大厨在哪里还没着落，你怎么开这个饭店？开个饭店没有好的大厨，做不出几道招牌菜，只是让大家欣赏菜谱，恐怕不行。

藏：画家最终还是要落实在笔头上。

范：我们讲巨匠，首先是个匠字。对于整个社会来说，推动社会的发展与进步，排在前面的应该是那些政治家、军事家，甚至文学家的作用都比书画家大。就整个社会来说，画家和理论家都是皮毛，但恰恰画家是皮，理论家是毛，“皮之不存，毛将焉附”？

比如说读书，古人诗云：刘项从来不读书。但是你有他们伟大吗？他们能做大事，他们把天地人这本书读通了。

藏：也就是说读书是为了明理的。有时候，不读书的农村老太太也比大学的教授明理。

范：读书读得多了就戴上“眼镜”了，“近视”了，反而看不清楚了。读书有会心处才是关键。现在许多搞美术理论的人谈到实处的时候就好像是没有读过书一样。有人对我说：范扬，你画得太快，恐怕还是要画得慢些好。我说你没有读过美术史吗？“当其下手风雨快，笔所未到气已吞”，这是对吴道子的批评还是赞美？说吴道子一日画嘉陵江三百里是在骂他吗？如果用你们的理论演绎的话，李白的诗应该写得慢些，再推敲些，更像杜甫些，会更好，但我看李白那也就不是李白了。

藏：时下的国画写生你怎么看？

范：过去中国人画鹤、画孔雀，都是画活生生的、鲜活的东西，很少有人去画死的。而外国人画静物，画面上常常有死野鸡。我经常想问美术史家，为什么中国画写生要画鲜活的？比如花，要画那种正在开放的，有露水的。而外国人画死鱼、死虾，这些我们都不吃的，不新鲜。可见中外对写生理解不同。中国人比较崇尚和谐、鲜活、有生命力，这种生气实际上是从自然中得来的。看到奇石怪树，随时随地拿出笔来画画，这里更多的是个人体验。古代的画家都是先把自己融入自然中，有了体悟后再画画，山水、花鸟、人物都是这样。我过去也都是看了真山、真水、真物后写生，用铅笔勾勾，回去画。到了北京后，见到学院里都是拿着毛笔当场画，我作为老师入乡随俗，也要当场作画，但这只是南北方教学的一种差异。李可染和傅抱石的方法不同，其中并无高下之分。

我经常和同学们说，我作画完成时，最后总要用短线勒一下。现在画山水，大家都是勾皴点染，我又给加一个勒字。

藏：古人也有"勒字诀"。

范：对，就是要复兴。勒不是我的发明，只是我在山水画中创造性地运用。我的运笔很豪迈，有点信马由缰的意思，但驾驭天马和野马的区别，不是你能不能让它放开跑，而在于你能收住收不住。我有一方闲章：待从头收拾旧山河。收拾本身很难，更何况是旧山河。

藏：你的湘西、黔东南写生，画中随性的东西更多些。

范：这也是南方的气息和做派，或者叫办法。到了北京以后，大家都用毛笔现场画，我要以身作则，笔墨功夫又是我的长处，所以画出来的就是作品。我以前带大学生到中学和小学去学习，看那些小孩子们画的肖像，你看他画得一点都不像，但是很有趣，虽然五官的结构不准，但又很传神，说明是得了自然真气。

来北京两年，我画了大概六七十张对景写生，像《从张家界望天门山》等作品，就是我这个时期的作品，里边有许多的体验。傅抱石先生和李可染先生晚年到德国写生，他们是大师，笔下自然

法备气至　100cm×68cm　纸本设色　2004 [右页图]

法備氣至純任自然一派天真方為得趣
甲申
范揚

山中才数日 120cm×90cm 纸本设色 2005

不同，但是他们的方法多多少少为物所驭，没有站在中国画家历来的传统——“我是江山主人，我来收拾江山”来画。这里面有一个被动、主动的问题，有一个主仆关系。

北京 胡同街景

藏：黄宾虹对你的画影响大吗？

范：当然有影响。但我没有临过黄宾虹的画。我看过他许多画，后来就不敢看了，太容易陷进去。朱新建也和我说，你不能再看古画了，因为你对古画太熟悉了。

藏：现在许多人在学习黄宾虹，你怎么看？

范：就我个人来说，是非常喜欢黄宾虹的，但是他画的大画很少，基本都是六尺以内。这是他个人的秉性和特点，而我喜欢画大画。黄宾虹的笔头太厉害了，特别到晚年，“从心所欲，不逾矩”。

藏：你怎么看西方绘画对中国画的影响？

范：虽然穿西装，但是你首先应是中国人。洪水猛兽来的时候，挡也挡不住，只能是因势利导。来了不要紧，只要用得好就可以。从明代的利玛窦一直到今天，西方绘画对中国的影响太大了，我们有时是主动接受，有时是被动接受。中国古时候也有油画，汉代画车马的装饰画叫油画，是油漆画，可现在的油画市场多火啊！但是，最终占主导地位的还应该是本民族的东西，现在炒作得再高，也只是时尚。

关于油画民族化。我认为做得最好的是吕斯百先生。他当时画了一些山水风景，专业圈和学术圈都知道他的厉害，他的画更有价值，画价应更高。中国画虽然有点慢腾腾的，像个古老的牛

范扬先生的画，境界在于精神气象，深厚在于学植修养，风格在于天性禀赋，文脉在于中国文化精神。在今日中国画坛，他不仅是个性风格最强烈的，又是充满自信与最具自由精神的，是气韵与骨法兼得的，因而也是最能全面体现中国绘画精神的。（文／子峰）

山亭清话　55cm×48cm　纸本设色　2006

师石田翁　55cm×48cm　纸本设色　2006

近水楼台　68cm×68cm　纸本设色　2005

车，但是力气仍然很大，将来必定是中国画代表时代风貌。以自己的短处和别人的长处比较，那怎么能赢？中国当下的油画水平连几百年前的意大利、法国的绘画都没有跟上，怎么能让人相信有更新的创造呢？油画的热闹可能会有一些新的白领、接受西方教育的人喜欢，但随着他们的年龄长了，又会觉得中国画好。像老一辈留学的画家吴作人、刘海粟、林风眠等，他们的经历和学识底蕴都比我们厚实，他们在社会上的阅历都比我们更丰富，可他们最后又回到了中国画上，这说明还是中国画魅力无穷，更具人性化。西方的油画家把油画当做事业和工作，而中国的画家把笔墨当做生活。

我认为20世纪是学院主导了中国美术的走向，21世纪画院应承担起这个任务。因为中国画现在在各个美术院校里都只是一个系，一个分支，不是主流也没有主导大学的美术走向，而画院则义不容辞地承担起中国画伟大复兴的责任和使命。上次听靳尚谊先生说，我虽然是画油画的，但希望更多年轻人关注国画，因为只有在中国画里才可以出现大师，这都说明了他的胸襟和思想上的高度。

藏：中国人画油画有点像外国人唱京剧，能达到什么样的高度，很难说。

范：我曾经写文章说到，近现代中国美术教育开始是学习日本，后来学习法国、意大利，然后是俄罗斯，从这些地方回来的人大多影响了中国美术，有的二三十年，有的四五十年了。我在南京师范大学的时候，我的素描在当时有点另类，画素描写生用木碳，其他人都是用铅笔。恰巧当时我的系主任是从法国留学回来的秦宣夫先生，他走到我的跟前说：“这张很好”。于是我的画就挂在了教室的正中。秦先生是从法国回来的，不是徐悲鸿的学生，是同事。如果他是从俄罗斯回来的，那就不会看上我的画。俄罗斯的大部分东西都是学习欧洲的，而且有一点二倒手的意思。当然每个民族都有伟大的、优秀的、有才华的艺术家，俄罗斯也不例外。

藏：印象派出现后，艺术家才知道这是艺术最本质的东西，不负载任何所谓的政治或是其他的东西，艺术就是要表达心灵。

范：尤其是印象派和后期印象派。我比较喜欢凡·高和塞尚。我觉得塞尚和王原祁很相似，凡·高和徐渭有许多相同处。虽然凡·高很了不起，但是由于民族情感我更喜欢徐渭。

藏：中西方的绘画在你身上是怎么体现的呢？

范：“中学为体，西学为用”。每个民族都应该有主心骨的艺术，中国画也不例外。如果说到体用比例的话会因人而不同，具体的量化起来也比较困难，我大概是七比三。徐悲鸿是六四开吧。徐悲鸿的书法写得太好了，有教养，到底是康有为点拨过的。

现在国家画院的工作室教学既不是学院式的教学，也不是中国传统的私塾式，也不是纯粹西方文艺复兴画室那样，应该是三位一体的融合。这种教学模式或许能走出一条崭新的具有中国特色的中国画教学道路。

藏：齐白石你怎么看？

范：了不起的画家。现在把齐白石捧得非常高是对的，但是我们还有范宽、赵孟頫，还有徐渭和陈白阳，还有金农。齐白石的画是文人画中偏了一点乡土，恰好这个乡土味是鲜活的，是元气十足的。有野气，但恰恰正是生命力旺盛的表现。齐白石的松鼠、葡萄为什么画得那么好，他原来是细木匠，天天雕刻这些东西，下笔就十分深刻了。

秋溪放艇　155cm×50cm　纸本设色　2009

有时参加研讨会，听人发言说齐白石是“文人画最高典范”，我大疑惑。齐白

秋溪清兴　26cm×60cm　纸本设色　2003

石的身份不是文人，而纯粹是个画家。我想来想去，齐白石自己也认为是青藤、白阳门下走狗。那文人画之最的桂冠，恐怕当属青藤、白阳，或是八大、金农。若是我也来点评的话，范宽的雄浑是当之无愧的中华气派，倪云林的清高无人可及，青藤狂傲，八大嫉俗，王蒙有山林之气，白石先生应占田亩野趣一格，细读白石的画，应该不难看出。这里，我毫无贬低大师的意思，在中国画伟大长河里能占一格的又有几人？

我认为，白石画花卉，粗枝大叶而有天趣，印章应该说是木刻刀法。书法直来直去，朴实简略倒也暗合禅意。

窃以为，细草虫配大墨叶，不很和谐，但也是发明，可以让后世的理论家拿来咀嚼咀嚼。

且打住，小子放肆，不过有话就说、有屁就放而已。

藏：当下中国画收藏你怎么看？

范：明眼者将越来越多，优胜劣汰，现在是鱼龙混杂，时间会分辨出金与沙。清者自清，浊者自浊，不要有过多的担心。

倚树听流泉　116cm×100cm　纸本设色　2006

范扬的水墨山水，笔法凝重，中锋起落，有来龙去脉，笔笔到位，落落大方，潇潇洒洒，近看是用笔用墨，远看是山石林屋。其行笔自由而自然，笔路盘旋起伏，有着内在的律动节奏，《皖南组画》是此风格之代表。尤其值得一提的是范扬那充满禅意的书法，生机勃勃而又恬淡悠远，同浑厚华滋、超逸优游的画风极为相配。（文／贾廷峰）

藏：像刘知白这些画家如何呢？

范：如果你细细地品读这些老画家的画作，你会发现总还是少点儿东西。他们当时没有出名恐怕也不奇怪。就像是普洱茶、紫砂壶，都是量少也比较特殊的东西，画廊和画商拿出来炒炒，这只是画商的个人目的，对于中国美术史是没有什么意义的。

藏：你现在画画是一个什么心态？

范：我是以自己为主。我觉得21世纪的中国画家都应该有这种心态。这个时代的画家必须确立自信，自己都信不过自己还有可能发展吗？确立自信才能够自我。有人说我狂妄，我说我还不能有一点理想吗？想做大画家不是缺点，我从小就是这么想的，难道这有错吗？我是狂而不妄，没有才情是不能做画家的，没有修炼是不能做好的画家的。

藏：更满意你的罗汉还是山水？

范：还是雄浑一点的山水，这是我的本性。

藏：可是市场看重的是你的罗汉。

范：这也是没有办法的事情。但我的本性是在我的山水上，雄心迸发，把我的心性添加进去，尽情尽兴地去画，就顺着这条路走下来。确认自己的同时完善自己。要尽力向前走，要追上前人，要叫后人追不上。

我们走多远，当代中国画才能走多远。

范扬 南京寓所

范扬/画佛

Fan Yang

化佛画佛 画佛化佛

——读钱化佛佛画有感

文／范扬

在民国画坛，钱化佛是个特殊的人物，独立不羁、卓尔不群。用当今时新的话来说，是个另类的人物。

关于钱化佛的种种行径，郑逸梅先生在《钱化佛的奇怪行径》一文中说得清楚明白。读了郑逸梅先生的文字，我觉得对钱化佛其人其事就已经有了一个框架式的了解。

那么，在这儿，我特别要说的是，钱化佛画佛的缘起。

我读钱化佛先生佛画请人所作的题款中，有一位江一南先生说得颇透彻，现录其款识如下：

江一南题：佛。放下屠刀，立地成佛。辛亥秋沪军先锋队商团义勇军攻克紫金山，化佛同志奋勇异常，全队钦之。壬子，民国成，各军队或编或遣。化佛曰：功既告成，何必久执杀人事业？不受编而去。一南亦斯时卸事。化佛弃枪柄握毛管而画佛，岂非放下屠刀于今日？化佛属题佛记前事并志之。江一南。

钤印：江翼画印、一南

江一南，何许人也？不得而知。但细读题款，可知江一南先生之行为与化佛亦大致相类。所谓物以类聚，人以群分，同气连枝，互通声息。

“放下屠刀、立地成佛”，化佛画佛，画佛化佛，这大约是化佛先生的初衷吧。

化佛先生有着不简单的出道，故而，如古人所云，叫做“谈笑有鸿儒，往来无白丁”。化佛先生有这番机缘，有这点面子，请得动这一时豪杰，为其佛画题款留字，实也非同小可，是非常之人行非常之事，难能可贵。

古哲人云，“我即是佛。”钱化佛的本意，是画佛之际，我化佛也。所以，化佛有印曰“化佛画佛”；所以，我本文题目顺其本意，叫作“画佛化佛”是也。

画了佛，便成佛，是之谓也。

化佛画佛，请众人题款，是广结善缘，弘扬佛法，是大智慧，是大慈悲。我们今天要读懂化佛，当从此处登堂入室，渐入禅境，直至佛地。

近日我亦有缘，有机会拜读了钱化佛先生八十余件作品，得益非浅，深有体会。我检选其中十余件，细品深读，随读随笔，写得一些体会文字，附录如下。

我暂用画轴之原始编号，一一道来。

《童子拜观音》

画白衣大士持净瓶杨枝，手法从明代画佛大师丁云鹏稿子中化出。

童子着红肚兜，双手合十拜菩萨，可亲可爱。

空青染底以突出背光及大士白衣，这也是钱化佛常用的手法。

童子落脚之莲蓬画法拙朴，略似民间版画。

大士面目慈祥，眼眉之间，有大慈悲，开脸不同于清末民初画家惯常的开脸法，具写生写实意味。

《陆羽品茶图》

1956年作，是钱化佛比较重要的一件作品。

1949年新中国成立后，钱化佛也画如陆羽、张衡一类文人、科学家。寻找新的描绘对象，尝试新的表现手法以适应新社会、新审美。

钱化佛从来就是一位标新立异的人物。

在陆羽形象的刻画上，钱化佛特别着力，略用西洋明暗立体之法，全身装束，亦如是焉。朱栏、供桌有透视法，而苍松、碧桃又是纯正传统出枝设色。中学为体，西学为用，集于一幅之中矣。

画有丰子恺先生题字，相得益彰。

《红衣罗汉》

乃钱化佛的精心之作，格局气象颇大。作山石，用枝隐头陀吴彬笔法，山岩幽深，衬出罗汉背光明亮。平坡画法及前景双勾树叶，如圣华居士丁云鹏。画瀑布，流泉有声。画长眉罗汉，若有所思，造型精谨，设色讲究。

同时人云，钱化佛作画必有草图，此图可证。

《张衡图》

亦是1956年作，是年钱化佛虚龄73岁，故钤印有“七十以后作”、“七三”。

画张衡于书斋中，手持图书，目光深邃，有侍从、官员二三人，或作俯首沉吟状，或作负手思考状。主宾之间，似有探究问答，恰如今日科研核心小组之攻关讨论。

图式与《点石斋画报》之插画相近。地面方砖及人像周围有受光侧光、阴阳向背，是西风东渐影响，是时代审美使然。中西融合，钱化佛先生也是先驱者。

《笑和尚》

此件作品可以明显看出陈老莲画风对钱化佛的影响。任伯年学陈老莲，钱化佛学任伯年，一脉相承。树法用丁云鹏、吴彬画法，钱化佛对明季装饰画风情有独钟，在图式上深入探究，像模像样，不仅学到位，而且有点儿过。正如此，

倚树听流泉 116cm×100cm 纸本设色 2006

观音　50cm×40cm　纸本设色　1996

红衣罗汉　30cm×50cm　纸本设色　2004

用宋人罗汉法　30cm×50cm　纸本设色　2004

仰听松风　180cm×90cm　纸本设色　2006

菩提本无树 180cm×90cm 纸本设色 2006

说禅图　180cm×90cm　纸本设色　2006

采芝深山里 180cm×90cm 纸本设色 2006

扫象图 104cm×34cm 纸本设色 2007

菩提本无树 104cm×45cm 纸本设色 2007

听泉悟禅 180cm×48.5cm 纸本设色 2007

菩提禅悟图 168cm×74cm 纸本设色 2007

方才有趣味。

笑和尚奇形怪状，似笑非笑，又有云气霞光自顶门出，盘旋升腾，似香烟缭绕。

《无量寿佛》

这也是钱化佛图画中最常见的题材。

钱化佛对自己作品的精粗高下是很有数的。一般说来，他挑出来请大人物题字的画大都是他自己作品中的上上选。这件作品请于右任题，确也是佳作精品。

这幅画从构图、造型、设色、笔法诸方面来说都是有考究的。既有古风，又有着化佛自己的特色。画面明丽，作风爽朗，章法奇险，线条雄强有力。

于右任款也题得好，此幅珍品，藏者宝之。

《观音》

图甚佳。格局出入宋画，类牧溪上人，当是从古代经典作品中化出。

图中观音大士意态雍容，神色端详。印文曰“绘我佛之慈容”，正是绘图者的衷心写照。

《林间悟道》

罗汉像出自旧图谱，日本《支那南画大成》中有梁楷十六罗汉像，其中有如是者，亦端坐在如屋大树中空处，或是在岩穴石室之间。

这件作品化佛是下了大功夫的。树木盘根错节，山石青绿相间，尤以朱砂色用得精妙，秋叶蒲团互相掩映，与青绿石色对比协调，使画面生色不少。

阿罗汉图　160cm×50cm　纸本设色　2004［右］

献寿图　180cm×50cm　纸本设色　2004［左］

古哲人云：『我即是佛。』钱化佛的本意，是画佛之际，我化佛也。所以，化佛有印曰『化佛画佛』，所以，我本文题目顺其本意，叫作『画佛化佛』是也。画了佛，便成佛，是之谓也。

化佛画佛，请众人题款，是广结善缘，弘扬佛法，是大智慧，是大慈悲。我们今天要读懂化佛，当从此处登堂入室，渐入禅境，直至佛地。（文／范扬）

菩提树下　58cm×71cm　纸本设色　2001

罗汉图　68cm×52cm　纸本设色　2004

但对青山 68cm×50cm 纸本设色 2004

达摩 130cm×50cm 纸本设色 2003

阿罗汉图 130cm×50cm 纸本设色 2003

《鸟巢和尚》

钱化佛每每精挑选自己的最佳作品请名宿鸿儒、达官贵人题字。这实在也是他弘扬佛法、提倡美术的一片宏愿。

《鸟巢和尚》有天游化人康有为题款，确非寻常。应当说，这件作品是钱化佛所画红衣尊者中的代表作。康南海题曰：“诸恶莫作，众善奉行。”是佛家讽劝世人的警句，乃佛家大慈悲大境界的良言。全图笔法苍劲，和尚朱衣螺发，巢居林木间。古木与枯藤交错，横斜相倚；朱袍共红叶辉映，点彩照应。画家匠心，尽在此间矣。

此图实乃惊世佳作。

《观音》

化佛画白衣大士像，有白龙山人王一亭题字。

观音慈容，悲天悯人。背光用白粉，又用碧青空染，以衬出主像。观音白衣，面如满月，法相庄严，烟霞供养。宝像如德化瓷塑，晶莹如玉，温润亲切。

《文殊·普贤》双轴

说到钱化佛的佛画，有《文殊·普贤》双轴是不能不提到的。

文殊青狮，普贤白象，钱化佛以工笔描出，尽其精微。二主像各在画幅居中，而天地空阔处，化佛嘱请文人耆宿，高官鸿儒及丹青国手、梨园名角等一流人物分别题书“佛”字于画幅中。有人长题，有人短跋，一时俊杰，皆与我佛结缘。

此真正大功德者也。

此二轴，成此珍品，全靠因缘。得之者与佛结缘并结众生缘。得此二轴，张之素壁，焚香供养，佛光普照。

鱼篮观音　41cm×30.5cm　纸本设色　2001

阿罗汉图　60cm×40cm　纸本设色　2003

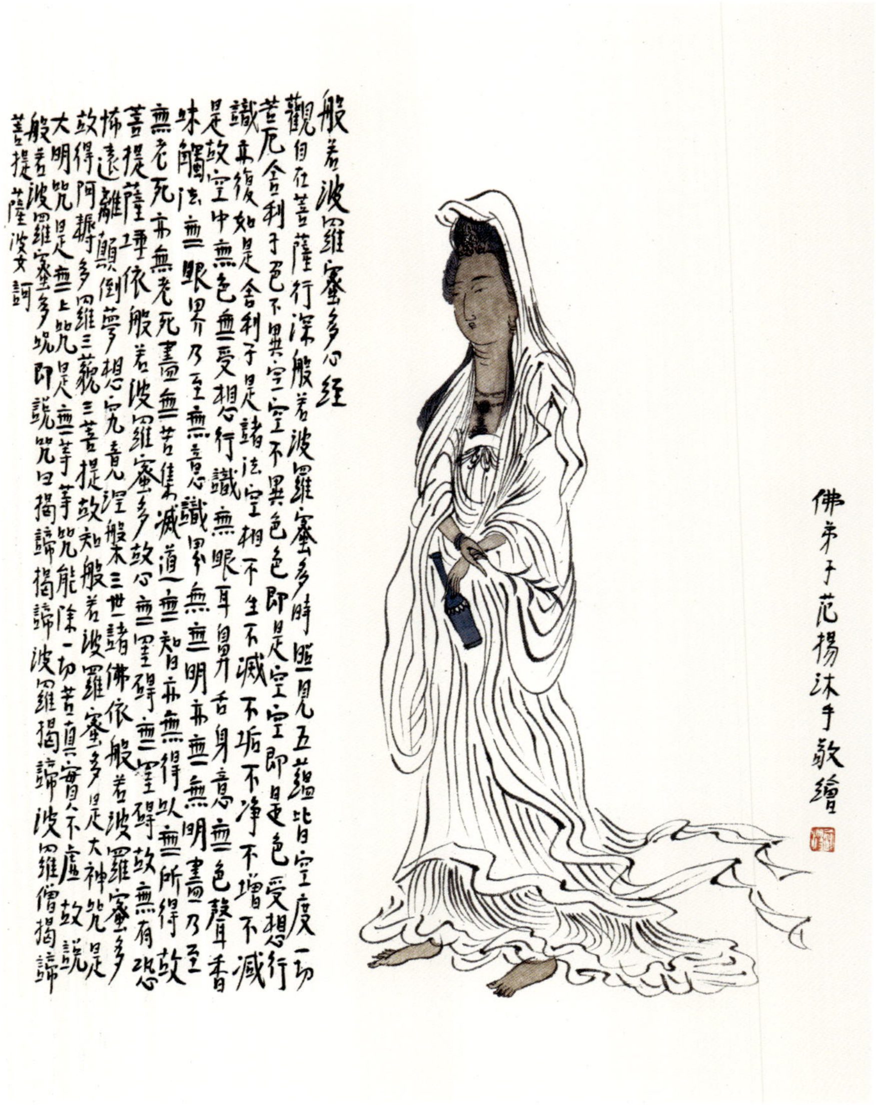

般若波罗蜜多心经　68cm×35cm　纸本设色　1996

《搜山图》三卷

钱化佛又有《搜山图》卷子，值得大书特书。卷子共三件，有四段卷、长卷、白描卷，皆难得之物事。

《搜山图》本古人之精心佳构，故宫有一卷，云南省博物馆有一卷，皆传世绝品。

我以为，钱化佛大约是见过这两个卷子，过目过手，勾描存稿。看化佛这白描卷子，大略如是。

化佛又花了数年光阴，专门炮制赋色卷子两件，应当说是刻意之作，尽心尽力。

此三卷，是前有古人，后无来者，可藏可宝。

如前所述，化佛画佛，是奇人奇缘。

化佛佛画，唯有缘者得之宝之。

范扬/写生纸上

Fan Yang

中国画写生，说来容易，但真正明了写生的本质，却也并非那么简单。说容易，好像每个画家多能津津乐道，似乎不假诸邻，触手便能成春。说不容易，那真是不容易，既要『写』生，又要写『生』，这写生，何其难也！面对写生，要么拘泥于对象的『生』，而局促于笔墨的『写』，成为自然的奴隶；要么沉湎于『写』的趣味，而忽视了对象的『生』，成为『写熟』的游戏。（文／子游）

范扬/写生系列

范先生言，画像容易，画好也容易，但画得既像又好不容易。我们从书中作品与风景之对照，足以知焉。（文／褚哲伦）

/山水

范扬的智慧系统似乎还有一个玄机未得披露。他何以能够将极平凡自然的景致画得生机顿出，如同天造而成，『自然』得完全没有法度的痕迹，这大概只能归结于他将禅宗的『顿悟』化解于心，将禅机渗透在笔墨形象中。（文／范迪安）

写生范扬

文／褚哲伦

新娘新郎　52cm×28cm　纸本设色　2010

范扬先生有一枚闲章，“南北相通，两京行走。”这一走就是四年，由南京到北京，由铅笔速写到水墨写生，积累作品近二百幅。范先生说，可以结集了，古有写生赵昌，今有写生范扬，于是题书名《写生范扬》。

范先生常言，十年修得同船渡。有幸跟踪范先生现场教学，记录教学文献，四年下来积累范先生写生画语录12万字，作品图160余幅，速写十几幅，图片共计600余幅。人民美术出版社度其学术分量，作为课题出版。又有范先生弟子支持和大观书屋设计排版，是以顺利结集。

范先生言，画像容易，画好也容易，但画得既像又好不容易。我们从书中作品与风景之对照，足以知焉。此画内话也。然而我想，书中所给予读者的，不仅仅是画内话。因为范先生的作品、画论，抑或写生现场和平时给人的感受，总是让我们在画外体悟到更多的东西。读画时如此，看画时如此，学画时亦如此。是也，有感者、有悟者、有知者。按范先生说法，乃各有灵苗，亦各得其所。

如今社会节奏愈来愈快，人们行色匆匆，对于每天发生的大大小小的事情，大多是匆匆一过无有记忆。但对于有些事情，时间却是历史，它磨砺人的记忆，让人们在平淡的生活中不经意间体会到一份生命的快感，多一份人文的关怀和温暖，生活因此而富有色彩。

街头画像　52cm×62cm　纸本设色　2010

酒馆闲情　52cm×51cm　纸本设色　2010

悟道与机缘

文／范迪安（中国美术馆馆长）

艺术批评中常有一种奇怪的现象，面对一件艺术作品，往往难以在同一领域中找到恰当的评语，然而隔山有知音，在相邻的领域中可能掂出更能说明问题的参照对象。

唐张怀瓘在《书议》中评“小王”王献之书法时曰：“子敬之法，非草非行，流便于行草，又处于其中间，无籍因循，宁拘制则，挺然秀出，务于简易。情驰神纵，超逸优游，临事制宜，从意适便。有若风行雨散，润色开花，笔法体势之中，最为风流者也。”

这一段文字说的是王献之的行草，但将此移评范扬的画，颇有几分恰当。范扬在两个世纪之交的几年里似乎得到了神助，以爆发出来的强劲之力将自己的画境大大地作了提升。在他的作品面前，可以真切地感受到他作画之际“情驰神纵，超逸优游”的状态，就笔墨的意态而言，他浓笔酣墨，落在幅上皆成“文章”，呈示出解衣磅礴的畅快，达到了通权达变的火候。就描绘的内容而言，他打通了山水、人物、花鸟原有门类界限，只要面对自然，便能“临事制宜，从意适便”，信手拈来皆得理法，在散乱的节脉中荡起形象的生机。范扬人到中年即达此大手笔境界，堪称在画坛上占了一席“风流”。

范扬的画看上去满幅轻松，但却埋伏了雄强之骨和深厚学养。他对传统雄浑一体的画风显然是体悟颇深的，从宋元绘画到黄宾虹，都是他直接吸收的对象。他的胸臆开敞，喜读群书，研读画史画论及文化论著，养成腹中经纶和思中识度。他也注重生活蒙养，投身于自然怀抱，采集养分，荡涤心灵，这些学养、才情、能力都是构成范扬绘画风格的基础，使他落笔便生墨韵，笔笔相连，连成景致不绝如缕的大千世界。

但是，范扬的智慧系统似乎还有一个玄机未得披露。他何以能够将极平凡自然的景致画得生机顿出，如同天造而成，“自然”得完全没有法度的痕迹，这大概只能归结于他将禅宗的“顿悟”化解于心，将禅机渗透在笔墨形象中。禅宗的理论认为，“顿悟”是包含有感知又超感知的认识瞬间。悟道之际，个体生命与外间世界形成了如火光闪耀般的感性直接关系，倏忽之间触及自然世

西撒哈拉大沙漠　35cm×46cm　纸本设色　2005

门农神像　35cm×46cm　纸本设色　2005

国外速写作品三幅

国外速写作品

维也纳金色大厅的演出　50cm×52cm　纸本设色　2010

界神秘的精神本体，体悟用逻辑思维百思不得其解的生命之谜。可以揣想，范扬在作画之际的态度就是一种“顿悟”状态。

他画中那些流畅的线条就是“悟”的附体，不受理性支配，一任感觉流发，在画面上成为欢跃的精灵。因此，他每幅画的感觉是完全不可复得的。禅宗悟道离不开“机”的触动或引发，常常是受到某一机缘的启发而“顿然晓悟”，“悟”到刹那间，“即时豁然还得本心”，“其解脱在于一瞬”。在范扬那里，机缘的“机”就是他面对自然与视线中的事物。他山水的丘壑形象不是从理性选择来的，他甚至摒弃传统历史中那些经典格式，也放弃自己经验中的“先验图式”，谋求一种“即兴”状态下与物相接的因缘，只要能触及眼前的自然生命，他的笔下就生发自然的意态。所以他的画看上去在景物选择上极随意，作品却拥有极高的境界。他的“悟”与自然的“机”相碰撞的瞬间，便如同一股清风拂去眼前尘埃，使画面顿时明澈透亮起来。“悟”与“机”的关系就是创造主体与外部世界的关系，在中国哲理中，这二者既二分又合一，二分是现象，合一是本质，是可能达到的境界。这是中国特有的心与物、自我与世界、创造论与本质论的智慧图式。这与西方传统很不一样，以至于现代西方哲学家如海德格尔、维特根斯坦等大哲都借“东风”以明拭“西洋镜”。20世纪80年代出现的新表现主义绘画为了打破绘画的静止状态，就用一种外部力量“介入”的手法造成画面的戏剧性效果。在绘画上，他们也曾想达到一种令人惊讶的生动性，但往往不能奏效。而在中国画家这里，只要学养和性情达到一定高度，就会有一双扰乱世界的慧眼。

我为山川写照

文/范扬

市民休闲广场　54cm×42cm　纸本设色　2002

巴黎塞纳河　54cm×42cm　纸本设色　2002

丙戌秋日，余赴太行作水墨写生，住石板岩村，随行有弟子二十人。

太行巍巍，仰之弥高。巨石顶天，作大块之文章；沟壑纵横，传空谷之回音。高家台上炊烟，飘散几缕；桃花谷里人家，瀑挂九连。鸡犬之声相闻，道路行人不绝。我与诸生访唐塔，读古碑，入林虑，探洪谷。遥想荆浩当年，布衣芒鞋，悠游其间，好一派道骨仙风。

于是，我师古人，仰观俯察；我师造化，待细把山川图画。一周之中，得稿二十余帧，有感有悟，有所体会。

返京后，又随国家画院写生团入四川，探幽青城。自后山五龙沟溯源而上，恰细雨蒙蒙，滋养吾画，偶有所得，探得水墨妙处。赴都江堰，亦得稿一帧。后又入海螺沟，得窥四姑娘山雪峰红杉之神山奇境，领略大冰瀑布之恢宏气概。感天地之高阔，想人事之渺小，不觉之间，神飞扬，思浩荡，得之于心，授之于腕，落墨之时，风云际会，亦不知是造化赋我以笔墨，抑或我笔墨暗合造化。快哉我心，快哉我意，掷笔长啸，且看我为山川写照。

游历照片

夜景步行街 54cm×42cm 纸本设色 2002

05.6.17
赫尔辛基火车站

蒙马特高地
10.30

F.Y
7.16

欧洲之教堂　46cm×53cm　纸本设色　2010

街头咖啡屋　52cm×68cm　纸本设色　2010

从埃菲尔铁塔远眺　54cm×42cm　纸本设色　2002

大写实 大写意
——说说范扬先生的写生

文／石寒

王国维讲，古今之成大事业、大学问者，必经过三种境界："昨夜西风凋碧树，独上高楼，望尽天涯路"，此第一境界也；"衣带渐宽终不悔，为伊消得人憔悴"，此第二境界也；"众里寻他千百度，蓦然回首，那人正在灯火阑珊处"，此第三境界也。中国画，登堂入室，也不外乎这三种境界，即范扬先生所说的师古人、师造化、师我心。

路遇 52cm×62cm 纸本设色 2010

师古人，首先要取法乎上，即所谓"独上高楼"也。古人绘画浩如烟海，有精华，有糟粕，取法乎上，择其善者而从之。师古人，不仅仅是对古人笔墨语汇一招一式的模仿，重要的是加强研读古人的画论和文章，同时更进一步的是以此深入感受和体悟古人的用心和用意，这是范扬先生特别强调"师古人之心更重于师古人之迹"的地方。而师我心那是千百度追寻的真我——即纵心所欲而不逾矩的"自由王国"。要进入这个王国，除了"师古人"，更重要的是"师造化"。师古人是为了"打进去"，师造化是为了"打出来"，而师造化，当然很辛苦，是"为伊消得人憔悴"的阶段。

中国画写生，说来容易，但真正明了写生的本质，却也并非那么简单。说容易，好像每个画家多能津津乐道，似乎不假诸邻，触手便能成春。说不容易，那真是不容易，既要"写"生，又要写"生"，这写生，何其难也！面对写生，要么拘役于对象的"生"，而局促于笔墨的"写"，成为自然的奴隶；要么沉湎于"写"的趣味，而忽视了对象的"生"，成为"写熟"的游戏。纵观当代画坛，好像这两种状况成了某种"宿命"，牢牢地制约了画家。究其原委，就大环境讲，无非是西学为体、中

皖南小电灌站　180cm×90cm　纸本设色　2000

都江堰　43cm×53cm　纸本设色　2006

学为用的现代美术教育体系所致。就个体而言，学问的贫窄、书法的不过关几成集体无意识，从而导致笔墨语言不纯正，国画不“国”画。当下画坛空前繁荣，但繁荣不代表发展。在倡导多元化的今天，就国画而言，“正本清源”确实是亟待解决的首要命题。范扬先生的艺术入古出新，茕然独步，其艺术理论和实践对于当下中国画坛“正本清源、贴近文脉”的建设无疑具有积极的引导价值。而写生，作为范扬先生艺术的重要环节，它所带来的启示在我们这个方向莫明、价值模糊的时代看来更具有不可估量的普遍意义。

如同片面地理解素描一样，我们总是片面地理解“写实”，往往以为强调物象的形貌、结构的逼真才是写实。这种物我对立、主客分离的状态怎么能说是写实呢？范扬先生认为写生不必以得“皮相之实”为满足，而是以进入对象“精神内层”为旨归，所以他强调要以身心投入。他在写生时，精神是非常投入的，观察是细致入微的，他能及时地抓住第一感受，并尽情地表现出来。其实，这种最初的感受才是最最真实的、最最当下的，无有“先入为主”的经验式的东西，所谓写生的“生”就是体现在这里的，所谓写实的“实”也体现在这里了。石涛讲“尊受”也正是对写实的最好注脚。范扬先生说：“由于你投入，你的画就成立了，你的语言就有力量。”他还说：“对象给我什么，我就还他什么。”是的，正如他所说的，他的写生，概括到每条线都是对象给予的。没有无厘头、没有虚情假意。他观察入微，但不为细微琐碎所系，而是注重对象之间的内在结构、对应与关系、贯通局部于整体，从而抓住物象的理、物象的神，所谓“格物在于致知”。当然，对象中那些出色的小细节，他也不轻易放过，往往照搬，稍加点拨，画面顿起神采。范扬先生认为，在表现对象

崇州字库塔　43cm×53cm　纸本设色　2006

的过程中，画家始终要保持着自己的看法、想法、说法和做法，即所谓物我通达。这恰恰是写生的中心目的，因为，这些所思、所想和做法皆是对象所给予的，是最当下的真实写照。直觉地把握世界，这不就是写“生”吗？范扬先生的写生极具现场感，山水形势曲尽其态，由细微而整体，尽收笔底，全其神貌，充实极了，也像极了，所以，他的写生作品生动鲜活，充满感染力。读他的写生作品，吸引我们的不止于此，更重要的是从他的作品中，我们领略到山水精神的诉求和人文情怀的寄予。如果没有了这些人文精神的通达，何以近取诸身，远取诸物？主客互蔽、物我不通，虽物之实，于我何干？我们写什么“实”呢？艺术的价值不在于对客体皮相“小实”的亦步亦趋，而在于赋予客体以人格力量的“大实”，大真大实、大仁大德，这才是大写实。小大之别，一如庄子小知大知、小年大年之理，不可不辨。

范扬先生写生的状态又是极具自由的，对于他来讲，哪里都可以是起点，哪里都可以是终点，哪里又都是过程。即使在短暂的片刻，他都能调动所有的感知功能，行于所当行，止于所当止，与时偕行，小大由之，皆以饱满的情绪来对待，始终保持着旺盛的敏感和热情。与其说他在写生，不如说他在与山水对话、与山水切磋，于交流、切磋中，神遇而迹化、神迈而理得，从而物我相冥、天人合一。其实，天人合一的境界一点也不神秘，关键在于是否用心投入。正如范扬先生所说的，每个人都可以成佛，发挥本性，即能成佛。保持心灵的纯真和诚心，是艺术家根性之所在，以心换心，自能出入于山水之中。范扬先生一直将绘画视为养生，所谓养生，情之所寄谓之养，性之所适谓之

国外速写作品

生。所以，他能从容淡定，心无挂碍，宠辱皆忘，进退自如。故能随遇而安，触景生情，得之于心，应之于手，下笔直取，坦坦荡荡，磊磊落落，胸中块垒，尽泻笔墨之中。观画如睹人，先生高风，于斯可鉴，于画可鉴。

范扬先生的写生又是大写意，笔墨到处，往往纵横披靡，势不可挡。在他的笔墨间，我们体会到徐渭、石涛的汪洋恣肆，也领略到董其昌、王原祁的雍容与正气。大写意，筑基于学养而建勋于笔墨，所以对笔墨的要求是相当高的。而笔墨的根基在于书法，书法功力直接影响到笔墨的高度。范扬先生的书法直追晋唐，取法高古，所以，他的书法格调高华，气象茕然。他的笔墨华章全在于笔法的彰显，因此，他的线条功力是很多画家难以企及的。我们注意到他的线，即使细如毫发，亦力敌千钧。哪怕是点景人物，其眉宇之间的细小发丝，先生皆以全身之力，笔笔送到，起、行、收，笔笔到位。我尝与收藏家说，要鉴定先生作品的真伪，于此处入手，真伪可鉴矣。尽精微而致广大，范扬先生的大写意其实正是建筑在精微之上的，非道中人难解其中真味，往往以为是胡来。细观先生笔墨，随意中有节有脉，乱而不乱，整而不板，有起止，有往还；提按顿挫、正侧逆转，虚实相发，有节奏、有韵律。可以说，笔笔有法度、笔笔有来历。万法归宗成一画，涵融须弥于芥子，笔墨之法，先生可谓备矣，笔墨之事，先生可谓能矣！

大写意者，率性之道也。大者，大块也，写者，泻也，意者，情性也。范扬先生的大写意，直指人心。他从不局促于小处，而着眼于大处，他的审美旨趣是汉唐大风，伟岸俊厚、高

海螺沟雪山　43cm×53cm　纸本设色　2006

海螺沟大冰瀑布　43cm×53cm　纸本设色　2006

蹈云外。试想，心胸猥琐，何以称大？局促经营，何以能写？虚情假意，何以达意？大写意画，非心胸朗澈者，不能为；非涵养厚蓄者，不能为；非知经达权者，不能为；非法书精备者，不能为。大写意者，实乃大写之人也。看当代大写意，笔力多贫弱，学问多浅薄，虚张声势，实际上多是伪大写意。真正得大写意真诠者，我以为除范扬先生外，难有第二人想。范扬先生一再强调，画中国画，先要脱俗，人先文雅而后才能画好画。我可以加一句，人大写了，而后才能够画大写意。

纵观范扬先生的写生，山水神秀，笔墨风流；读他的画，使身处纷繁混淆的当代画坛中的我们再一次看到了那久违了的“圣贤气象”！

五龙沟山亭　53cm×43cm　纸本设色　2006

海螺沟二号营地温泉　53cm×43cm　纸本设色　2006

青城后山五龙沟流泉　53cm×43cm　纸本设色　2006

青城后山溪桥　53cm×43cm　纸本设色　2006

范扬/写生系列

Fan Yang

湘西、黔东南写生纪事

文／范扬

2007年4月8日至4月21日，我带队国家画院范扬工作室学员及随行记者等共37人赴湘西、黔东南作山水写生。

写生路线是湘西朋友鲁子华、陈子游、王金石、杜慎翔等人策划的。行前，子游兄绘制了行程联络图1帧。

按图行路，4月8日晚，全体人员到了张家界。晚宴有5桌，长沙籍的学员郭文光作东请客，尽地主之谊，以壮行色。大家相聚在土家族风味的寨子里，有土家妹子献歌奉酒。席中有笨鸡腊肉、山笋土菜。群季俊秀，放浪形骸；我虽年长，却也豁达。酒足饭饱，杯盘狼藉，引吭高歌，与众同乐。

9日，晨起入山，先是乘百丈电梯，拔地升腾，如飞仙入云端。眼前是群峰列阵，将士齐整，奇哉妙绝。入住下坪农舍。午饭后，有张家界美协副主席杜慎翔、罗彬等指路导引，随行随止，凡有景致佳处，便立马坐定，画将起来。

自下坪前行五里许，有名景观曰后花园。时烟雨迷朦，有山岚薄雾自谷底升起，峰岭若隐若现，吾辈已在仙境矣。于是，我席地而坐，作水墨写生，细雨甘霖，纷然飘下。罗彬执伞，为我遮风挡雨。须臾画成，题曰《张家界后花园》。墨色颇为滋润，后山隐约，透明清亮，是天气照应，方得此佳品。学员王耀年、孙玉峰亦各得写生佳作1件。

自后花园出，山顶有平坡田亩，有居民耕作，地名仙人居，阡陌交错，农舍三五间。我图绘之，以浅赭间以石绿在浓淡墨色里，有点儿像印象派的画法，颇有趣味。

傍晚，回下坪村，作画1帧。田头有白色梨花，中景是小变电站，远处山林两三叠。

10日，晴，再入山中。至袁家界，画《金鸡报晓》景致。前行两三里，到乌龙寨，山路险绝，故事传为李自成兵败藏宝处，又说是大王山寨。道路艰险，移步换景。我坐得下来，画得《乌龙寨》、《袁家界》等三幅。时烈日当空，山石之阴阳向背、凹凸起伏历历在目，悉心描绘，可得山之骨法。

下晚，自盘旋山路到高处俯瞰，是空中田园，梯田交错，峰峦如屏，天上人间。

11日，画《张家界天下第一桥》，著名景致，行人往来。我亦不闻不问，埋头作水墨一帧，速写若干。画毕，到得后山凉亭，吃葛根凉粉，清凉我心。有土家小女子唱曲，吱吱喳喳，声彻云霄，听得爽快。应该算是民俗唱法、民间唱法，“辣妹子辣妹子辣妹子辣”，和宋祖英算是一个声调，倒也好听。傍晚，入住张家界市内。天色渐暗，我在宿舍凭窗遥望天门山，中景是张家界市面，近处是汽车修配厂。我临窗细细描来，一直画到天黑，墨稿完成一半。

12日，晨起，又继续昨日之作业，完成一件佳品，题曰《从张家界望天门山》，我颇得意。想当年前辈先生也作水墨写生，虽然能以旧笔墨随新意态，但总也觉得是“为形所役”，不能自主。而今我作图画，物劝意动，临事制宜，心之所悟，随手应之，可以自作主张，是为江山主人，略与石涛八大亲近也。

早饭后，登天门山。山有灵性，天门洞开。古有北周武帝率群臣拜山，今有唱青藏高原的李娜出家建庵，又有飞机表演穿越天门。古往今来，方士高人，视为修身之地、养性之所，诗人骚客，歌以咏之。到得绝顶，振衣放怀，长啸一声，山鸣谷应，举头四顾，天高地阔。巍巍天门，高山仰止，我心所向，壮怀激烈。

天门山巅，古木参天，我仔细描绘，得苍茫浑朴之致，笔法墨法，略似髡残。山顶天门神树，学名为石门鹅耳枥。我为写生团吴伟示范1帧，认真画出树分四歧，宾主揖让。前景栏杆，画得结实，今日倘有如稼轩词客者，可来此地，把栏杆拍遍，会一会，登临意。又画《天门山远眺》，颇得意。远山逶迤，似有若无，半幅空阔，天高地远。后又画《鬼谷天堑》，画《天门山道》。一日之中，得稿5幅，颇有收获。

13日，往凤凰，全日车程。途中画《西米乡马鞍山》，画《龙鼻村》，以淡墨作屋顶，石绿设色，画得颇顺手。

天黑入城，鲁子华及其拜把子兄弟三豪客在桥头迎候，安排照应。备大车、小车各一辆，又携美酒80斤、鲜果子两筐，预备一路享用。全体人员住沱江北岸之客舍。时至午夜，灯火不灭，城门透亮。沱江之上，流光溢彩。人们放灯江上，有荷花灯、红叶灯、元宝灯，煞是好看。又有苗婆、苗嫂沿街摆摊，售卖银饰，讨价还价，真正热闹。我住二楼，与鲁子华等凭栏观景。呼店家炒作小菜，把酒闲话。清风徐来，水波闪烁，惬意爽然。

14日，在驻地楼上画凤凰城，册页展开当做手卷，画了8个小时，沿沱江把凤凰北城门左右景致一并揽入，画得细致，好耐心。有工作室学员周义彬等在侧同画。我告之曰，养得好心性，亦靠长期修为。画成，题曰《从沱江北岸南望烟雨凤凰城》。后来，有友人看图说话，言长卷有清末明初之意味。我心怦然，恰是恰是。是晚，看篝火社戏。我执火炬，点火开场。露天场面，星月可见，社火

蕉溪镇写生作品

乌龙寨　53cm×43.3cm　纸本设色　2007

熊熊，观者如堵。节目有“上刀山、下火海”、“吐火、烹鸡”，一如汉画像石之复原版。又有“赶尸”一出，法器面具，行头诡异，黑旌白幡，纸钱飞洒，招魂呼号，摄人心魄，确有湘西地方神秘奇幻之意味。

15日，山东电视台张旭、黎强返济南。一路同行，一路拍摄，颇为辛苦。大家互道珍重，就此别过。

上午还有时间，随谢大川去沱江南岸，觅得好去处，画《远望虹桥》、《凤凰城写生》2帧，时有郭文光、杨军、许静等一道作画。

是日午餐后，驱车往梵净山。贵州地无三尺平。一路上常常要下车抬石头清路，路难行哉。途中，经铜仁坪茶村，看青山绿水，有人站立河中捉鱼，我作画将其纳入图中。天黑时，入住梵净山之宾馆。

16日，阴，时有小雨。30人分乘5辆小面包车入山。道路盘旋，而驾车者皆为本地农人，轻车熟路，开得颇快，城里来的人吓个半死。

在半山间，画沟壑山亭，时石寒、张凡在侧观摩，以为能观察入微，表述到位。

梵净山林木幽深，我画《碧涧桃花》1帧，得野逸趣味。

山上有流泉，颇入画，惜匆匆无暇，暂留忆心间。

下午，大太阳。在山下画《龙泉寺》，寺傍有新制阿弥陀佛坐像。

出山，有清泉曲水，水滨是竹林禅房，清明幽静。我濯足取水，画成一幅，清彻透明，实乃我心写照。画毕，踩着石头过河，一脚滑去，扑通一声，全身入水，清凉透体。跳将上岸，浑身湿透。与众人议论，是入得清净境界，洗涤俗肠凡尘。有心无意、有意无心之间矣。有南京晨报《艺术家跟踪栏目》应稼昌携摄像机全程跟拍，入水出水，皆备案中。

17日，晨，大雨如注，不能作画，恰好行路，驱车二百里，从梵净山往镇远。

镇远古城有二千年历史，原来是西南地方通衢大埠，茶马驿站，地理人文，底蕴丰厚。

18日，在青龙洞客栈画了一整天，7个小时，完成一件手卷。作画之际，水边有灵蛇1尾，来去游弋，态度悠然，似作听说法状。

我用麻纸，对坐山寺，娓娓写来，如僧人抄经。画得苍茫润泽，用的是晋人、唐人写经心法。

报京苗寨　43.3cm×53cm　纸本设色　2007

当晚，凯里朋友赶来一聚，相谈甚欢，相约七月再会。

19日，晨起，往报京乡苗寨赶集会。途中看见百姓人家盖屋架梁，乡里乡亲三五十人帮忙，颇壮观。

到苗寨，登木楼，画作品1件。又在苗寨小学里聚餐饮酒，有苗女美眉持牛角杯相劝，喝了两角酒，我脸通红，我心大快。

当日赶路，往湘西怀化。

在舞阳河蕉溪镇吃中饭。饭后，爬到居民楼顶，作画3幅，其中1件白描，画电线杆及小镇街巷，和谢大川同图式。下午，过芷江城，在龙津侗族风雨桥稍停，作写生1件，画得颇"现代"。

天黑，到怀化森林公园侗族文化村，行至离目的地还有500米处，先导车桑塔纳2000栽入田埂，头枕梯田，屁股朝天。所好不曾伤人，有惊无险。之后，有吊车驰援，先导车获救。于是，大家下车，背负行李，步行里许，入宿营处。主人有好酒好菜，压惊压饿。

20日，画手卷1件，又作品1件。手卷画了6个小时，挺耐看的。

晚上有怀化市宣传部长一行与我们共进晚餐，相聚甚洽。

《南京晨报》小应、黎明完成拍摄任务，离队回宁。告我曰，拍摄90小时，资料甚丰。

21日，自怀化往长沙，飞北京。

怀化飞长沙，有郭文光随行；飞北京，有小姚助理陪同。下午，到达北京万寿寺路中海紫金苑家中，写生行程结束。

此行，共得作品35件，我满心欢喜。

凤凰城写生得稿　53cm×43.3cm　纸本设色　2007

天门山　53cm×43.3cm　纸本设色　2007

天门山　53cm×43.3cm　纸本设色　2007

天门山鬼谷天堑写生得稿　43.3cm×53cm　纸本设色　2007

天门神树　43.3cm×53cm　纸本设色　2007

湘西西米乡马鞍山村　43.3cm×53cm　纸本设色　2007

空中田园　43.3cm×53cm　纸本设色　2007

张家界天下第一桥　53cm×43.3cm　纸本设色　2007

细雨张家界　53cm×43.3cm　纸本设色　2007

溆阳河畔蕉溪镇即景　53cm×43.3cm　纸本设色　2007

竹林禅寺　53cm×43.3cm　纸本设色　2007 [右页图]

竹林禪寺
丁亥
范揚

芷江城侗族龙津风雨桥　43.3cm×53cm　纸本设色　2007

潕阳河畔蕉溪镇　43.3cm×53cm　纸本设色　2007

袁家界杨家界　43.3cm×53cm　纸本设色　2007

金鸡报晓　43.3cm×53cm　纸本设色　2007

默戎镇龙鼻村（局部） 纸本设色 2007

武夷山云窝嘘云山道　53cm×43.3cm　纸本设色　2007

章堂涧　53cm×43.3cm　纸本设色　2007

武夷山大王峰　53cm×43.3cm　纸本设色　2007

武夷山仙浴潭　53cm×43.3cm　纸本设色　2007

武夷山往水帘洞途中　43.3cm×53cm　纸本设色　2007

武夷山碧水丹山　43.3cm×53cm　纸本设色　2007

范扬/山水

Fan Yang

又见皖南

文／范扬

云起三清山　42cm×53cm　纸本设色　2008

十年前，我去皖南采风。速写画了好多，回家整理素材，出了一批作品。

今年，我又到皖南，随行弟子约四十人。

时值清明时节，细雨纷纷，江南油菜花开了，嫩黄葱绿，喜煞人哉。

国家画院主张贴近文脉、贴近生活。故我等携画夹，置皮囊，行山野中，每见上佳景致，则席地而坐，仰观俯察，对景写生。一班人马次第排开，行色颇壮观。村里村外，平添了这许多画画人，实在是很有意思的人文景观。写美术史的人，不知可曾留意这么个中国特色，世界之最的美术行为，这才是鲜活的当今中国美术事体。

皖南归来，我收获28件作品，有几件不错。而同学们各有斩获，各得其乐。

写生去，大快活，呼吸山川真气，可以澄怀观道，遐思神游之际，我与天地同在焉。

（问：范老师来北京三年了。三年当中，美术界评论您有一个大的飞跃，您怎么看？）

三年了，从南京到北京，确实有一个转变，是一个艺术路程转换的契机。来到北京，感觉到北方文化沉雄博大的一种积淀，不像南方那样清秀、技巧、灵动，是这么一种整体的文化氛围。在北京感受的是比较厚实、比较博大，是大气象这样一种环境，这种环境对我来说确实是有了感受、有了感染、有了体验。来到北京，无论是空气湿度，还是纸张都变了，比如开始用麻纸画了。文化的氛围，精神的感染，一直到气候的变化，一直到手上、笔墨都变了。画家都非常敏锐，一种灵动和灵敏度都会反映到画面里。所以来到北京，我的画自然而然比较厚实了一些，比较充实了一点。对这里大的文化氛围、大的气象，确实有一种感染，而这恰恰是我们这个民族新的世纪、新的时代的一种走向，大国崛起，有一种雄浑、沉厚、博大的精神。我觉得艺术家最能够直接体会到并反映到作品里。恰好这也是一个契机，我来到北京也不自主地雄浑起来，气象大了一些。这种作品被别人看到了，他们在心底上或许有一种自觉或不自觉的认同吧。我觉得这种认同，是他们对我艺术努力的一个评价和评说。我也很高兴，我也进步了，最起码一个艺术家改变了。艺术家就应当是不断充实、提高和改变自己。文化氛围的改变，甚至居住地域的不同，确确实实影响到艺术家的艺术历程，它就反映在我身上。

（问：南京澄怀馆展览，都是您近几年创作的？）

上个月南京澄怀馆展览，其中百分之八十是到了北京后三年内创作的作品，大部分是写生作品。我觉得等于是作了一个小结，这三年我作了努力，检查一下我的作业，也跟南京的朋友交流。我觉得这样很自然地促进了南北方艺术的一种沟通和交流，我等于是南北交通的使者，用我自己的学习体会向大家汇报。这么一个展览，我觉得还不错。因为南方的很多画家比较注重传统笔墨，在这方面作长期的训练，对笔墨的技巧、笔墨的灵动性，有比较深的体会。而北方的画家，可能受可染先生主张的影响，还有我们龙瑞院长主张一要贴近正脉，二要贴近自然、贴近生活的影响更多一些。这样我从南京到了北京，从师古人走向师造化，作为一个艺术家是向第二个层面跨越。我会

雨中画巨蟒出山　53cm×42cm　纸本设色　2008

巨蟒出山　53cm×42cm　纸本设色　2008

谷底起白烟　53cm×42cm　纸本设色　2008

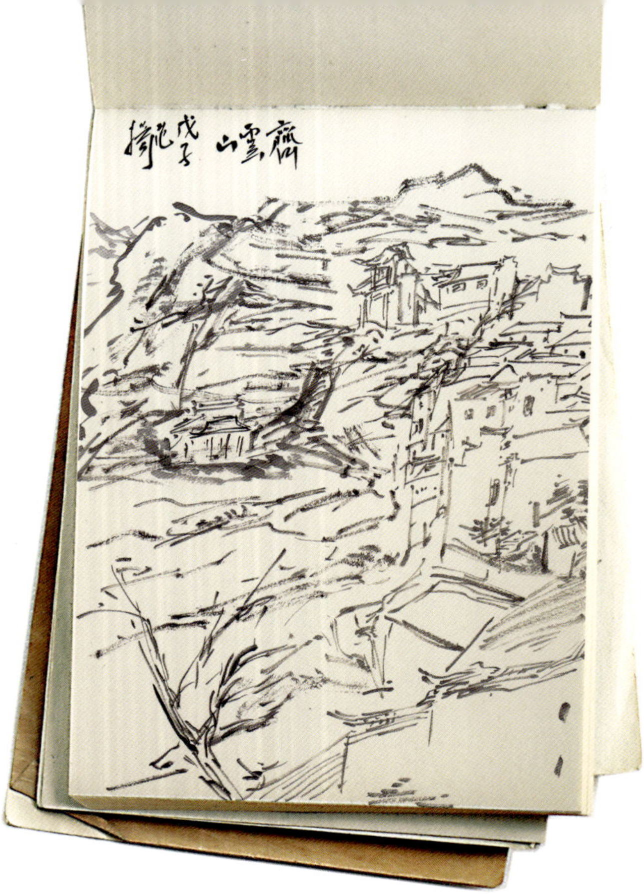

齐云山写生作品

继续努力画上五年、十年写生，等我再老了我会走向第三个层面。现在师造化，也是刚刚起步。

我感觉到北方之后，写生有很大的变化。原来我在南方是铅笔速写，回来后创作水墨，这是南方画家的路子，傅抱石先生大部分也是这样做的。后来到了北方，到了国家画院，带学生们写生，大家全用水墨画，我觉得这是可染先生写生的方法，我把它权且称为“写生派”，是写生画派这样一个脉络，我也很快融入了。写生当成画，它能吸收大自然很多实实在在新鲜的信息，信息反映到作品里，使作品充实，所谓“充实之为美”吧。我的作品通过写生变得充实，不像画室里画的是闭门造车的臆造，是传统的再现，或仿宋元、或仿明清。我觉得我们应该做大自然的儿子，不要做大自然的孙子。到生活中写生，体验更深刻、更直接一些，我觉得这是这样画的好处。北方画家跟南方画家确实是有区别的，我正好也学习学习，南北相通，兼收并蓄，或许对我有更大的好处。

（问：在山里写生，无论到什么地方，你都到了随心所欲的地步。）

我就是比较自然，对象给我什么感受，我力求去表现。另外，与此时此地的情绪也有关系。比如今天上午画两张，第一张就画得细致一些，深入一些；第二张画得就比较放松了，另外时间也不那么宽裕，比较紧张，就画得快一些，敏锐一些，更加直觉一些。我觉得一个艺术家应该是这样，所有的时间段都是新鲜的，都是敏锐的，它能直接反映在作品中的。真正的艺术家应该是这样的。

（问：你感觉在南方这么多年，也画工笔，传统基础打得很牢。这些奠定了写生的基础，所以这些年写生都这么得心应手？）

雨後紙潤
得稿頗佳
戊子范揚

雨后纸润　78cm×40.6cm　纸本设色　2008

天水南郭寺山门前唐槐　69.5cm×45.5cm　纸本设色　2009

唐模村双孔桥 75cm×43.8cm 纸本设色 2008

歙县唐模村　53cm×42cm　纸本设色　2008

歙县鱼梁坝　42cm×53cm　纸本设色　2008

应该说我的基础是比较全面和扎实的。我是师范大学毕业的，还学过油画，画过素描、图案，花鸟、山水、人物，工笔、写意都画过。

2008年上半年在皖南写生，下半年又到北方的山村写生，恰恰画出了两种气象。皖南是春天去的，刚好清明时节雨纷纷，山川是湿润的，有山岚雾气，然后我的画面就是湿润的。到了北方又是一个深秋季节，漫山遍野一片秋色，一种黄土地的景观，那么正好是古人说的，春天我画的是润含春雨，秋天我画的是干裂秋风，这已经不是画论上的词，是实实在在反映到我的画面里，反映在我的实践中，它不仅仅在书上，也在我的作品中。

（问：这几年的写生，您感觉对您的艺术人生是非常重要的？）

非常重要！我经常讲，我也没有很多创新的理论，我所有的学习心得，都是从古人的名言、画论里出来的，比方讲古人说的师古人、师造化、师我心，我觉得从五十岁以后我正在师造化，到了七十岁以后我去师我心，到了九十岁我就进入化镜了。应该是这么一个过程，二十年一个阶段。如果我能活到一百岁，正好有五个阶段，就像蝉蜕一样，居高声自远，非是藉秋风。

宏村　41.2cm×58.5cm　纸本设色　2008

桃柳唐模村　42cm×53cm　纸本设色　2008

徽州鱼梁坝上写生　42cm×53cm　纸本设色　2008

鱼梁坝　42cm×53cm　纸本设色　2008

南北写生研讨会发言

文／范扬

我就从我印象深刻的讲起，先谈谈南北写生方法的异同。讨论会正好是南北写生，我的体会最深，因为我恰恰是由南方来到北方的。

我原来在南京，后来到了北京，曾经叫人刻了一方闲章叫“南北相通，两京行走”。因为我是南通人，刚从南京调来，北京又有一个通州，所以叫“南北相通，两京行走”。我个人有一种很特别的体会，南通人到了北通州，在南京工作又到了北京工作，这样走来走去，除了地域上的也有人文上的不同，在艺术上、学术上还有对艺术的感觉上都还是有改变的，而且有的改变非常大。举个例吧，在南京的时候，总的风气是比较潇洒、自由、散漫的一路，肯定是由于魏晋风气引起的。吃早饭的时候安林还在说，南京的画家都是大玩家。像杭州或江浙的画家，与南京相比也还是有区别的。浙江的画家像文人一样也比较讲究笔墨、趣味，比较执著于笔墨本身、本体，而南京画家心态更为自由，就像刘伶不穿衣服，王羲之可以袒腹晒太阳，行为也比较自由狂放，从大的格局上对笔墨的认识度也比较自由。而且就我们的前辈来讲，像傅抱石先生，他也是喝了酒之后放笔直取，更接近一些南宗禅宗这样的行为模式、创作方式、方法和笔墨样式。我觉得确实南北有所不同。

我过去的体会，比方讲，在南京的时候，我写生就是用铅笔画，带着同学也用铅笔画，然后回来根据速写创作。有时也拍点照片，但我都要画速写，然后再画成一些大画。记得在十年前我也到过皖南，那时画了一批皖南写生的作品，我觉得画得也还不错。美术界、国画界开始认识我也是这一批皖南的写生作品，都是画了速写回来画的，这也是受傅抱石的影响，就是铅笔圈圈画画回去再画。这样的好处是什么呢？对于对象的一个整体的氛围经过了一个头脑的思考，这样回去再画跟现场画就不同，可以在技术、技巧上更加方便，推敲的次数多，自由度大。我觉得我们这些南方画家的画法，是受傅抱石的影响。山水写生，古籍上也有记载，皮囊中常置毛笔，有奇石怪树勾勒几下。像黄公望画富春江七年，怎么画的我们不知道，但可以想象他怎么体会了一段画一段，再体会一段再画一段，因为看《富春山居图》不像是现场写生出来的长卷。遥想古人当年富春江畔，真的不知道是什么状态，慢慢画，画得这么精妙，肯定不是现场画的。画面有生动气，有的地方极其精妙，但是不可能整卷的这么精妙精到，每一个动手画画的人都知道。看傅抱石那个时候画的速写稿，很简略的，鬼画符，他自己也这样说。有的老师告诉我们，他在香烟盒子上圈圈，回来画得非常好。他当然受到富冈铁斋的影响，受到竹内栖凤的影响。尤其像日本这样的大画家，对中国传统艺

密云县石城镇四合堂村　42cm×52cm　纸本设色　2008

齐家大院即景　46cm×65cm　纸本设色　2008

密云县对营子村峡谷中写生　44cm×58cm　纸本设色　2008

齐家大院庭前坐山写生

术精神有相当了解，然后又有日本人的一种狂傲之气，我觉得很像日本武士。说得准确点，日本人画的龙跟我们的龙不同，张牙舞爪的。日本武士跟中国武士也不同，有狂傲之气。傅抱石把它抓过来以后变得温和一些、中庸一些了，受一种气息的冲击，回来以后画得还真不错。有个真实故事，当年，老师们去华山写生，傅抱石跑不动爬不上山，就在下面画，但回来之后傅抱石画得最好，而爬上山去看得多、画写生多的反没有傅抱石画得好。可能一个是功夫好，二是对整体的把握好，第三是傅先生确实是以情感和情绪作画的画家。这也是南派画家的一个写生方法、观察方法、创作手法。

2005年我调到北京国家画院，正好龙瑞院长有个工作室，他说你就做我工作室的副导师吧，因为他工作忙得不得了，他说你先带同学去写生。我记得到了京郊平谷写生，结果我一去所有同学都是拿着画板水墨当场写生，其实过去我没有做过，或者很少拿着水墨当场写生。实际上这是可染倡导的写生。可染先生写生也好，傅先生写生也好，为什么提来提去绕不开这几个人？因为他们是开山的先驱，他们影响了一代一代、一批一批画家。我一到北京立刻就影响到我。同学在那水墨画写生，我怎么不画呢？于是就立刻画。还好，我是师范院校出来的，比较全面一些，铅笔能画水墨也能画，速写也能画。早些时候叫我画个图案也能画，搞个设计也行。因为我是师范院校培养出来的，是比较好的，自吹一下是比较优秀的学生，所谓万金油，是白猫牌、龙虎牌之类的万金油。万金油有名牌也有不是名牌的，但万金油是很有用的。所以我就跟着画，从这里也就体会到可染写生、中央美院写生系统的一种北派的观念、手法、做法。背着画夹去写生，可染先生身体力行推行的这么一种办法，立刻就使我感受到北派的写生方法，我也立刻喜欢上了这么一种方法，从此以后不用铅笔写生了，改成用毛笔写生。很奇怪，所谓入乡随俗吧，说的就是我，不是入乡，我是进城随俗，入城随俗。这样画我觉得也有很多的好处，因为有一个现场性，现场写生真的是其他任何东西无法替代的。或许在绘画的时候这里那里有些不周到处，但是总的来说它吸取了对象新鲜的、生动的东西，用佛教语言来说所谓活泼泼的东西立刻就进入了你的画面。

我曾经带着师范院校的学生去写生，有中学生也有小学生，有些小学生根本就不会画画，就对着老师画，对着同学画，画得五官不正，眼睛、鼻子错位了，但是却像这个老师，而且像的有趣。我

麦积烟雨　45.7cm×34cm　纸本设色　2009

的体会就是由于现场的写生总会抓住对象的一点点神采，这种现场写生出来的作品有内容，信息量是比较大的。我们画家画的时候，现场的东西总是能被抓住的。你想，没有经过训练的小孩也抓住对象的神采，我们经过训练以后当然也不失这种真实、新鲜、生动的东西，是回家以后画不可替代的。就像我讲的谈恋爱，面对面地对着美女和把照片给你回去慢慢端详是不一样的，慢慢端详看得很全面，身材、肤色等等，但面对面的时候被对方的气息所感染，言行、举止甚至散发的气息都可以感染你，这也是不可替代的。所以我也很快地被可染先生的学术指向所俘虏吧。可染先生非常努力地做，我也就努力做。

我个人认为，我画得最好的就是写生的作品，有的尺幅不大，反而有生命力，是最好的。我跟同学们讲，是得到了自然之气。写生的时候我认为就是所谓“天人合一”的时候，因为全身心的贯注，那么自然和人融为一体，精神的贯注融入艺术，心灵的体会融入了腕力，这时候就是人们常说的“天人合一”。“天人合一”听起来很虚，我觉得我们在作山水画写生的时候是天、地、人三才的合一，有天时也有地利，还有人的和谐的融入。这是我自己的体会吧。举个例子，前两天我在这写生，有一天下雨，纸就特别地湿，画出来的田地锦绣、山林田野就差不多同样很明显地潮湿。后来第二天大太阳，我也画了差不多的景色，画得就硬了一些，画面也清晰一些，另外水墨也没有那么温润。讲到这里，我还讲到材料，南北的感觉、方法也确实不同。我在南方画画的时候纸是绵的，画起来非常舒服，而且画的时候这边画了那边没有干，然后这边可以再继续画。所以就像黄宾虹也是这样倒来倒去画，陆俨少也是水汽蒸腾画出来的。当时就想，北方的画家怎么就那样画，确实想不通。到了北方以后，下边刚画还没画完上边就干透了，再加的时候只能改变方法，水墨的融合必须一层画完再画，画长了墨色才会融合。南方画家为什么一挥而就，画的上面没干再画就融合了？因为到了北京宣纸哗啦哗啦响，在南方宣纸都是软软的。在皖南住这几天大家就有体会到，纸是潮的。

画家是非常敏感的，一个优秀的画家尤其水墨画家神经末梢都要训练，就像小提琴家的手，纸张材料一有改变立刻就反映在笔下。因为有了亲身领会，所以画法就不由地改变了。我也一样，到了北京三年，画法也有改变，好像画的没有在南京时侯的潇洒，但是比那时画得厚实。这就不难理解范宽为什么画山四面峻厚，不难理解南派画家、岭南画家色彩丰富，为什么岭南画家画的颜

东崖云舫　50cm×67.5cm　纸本设色　2009 [上]
九华山万佛塔　33.5cm×49.5cm　纸本设色　2009 [下]

色好看，到北方看就不一样。所以北方不能买别墅，冬天几个月冷得不得了，院子进去之后一片荒凉。到了江南就一片葱绿，到了广州就万紫千红，悬殊非常明显。坐飞机看下面，北京太行山脉都是荒凉的山岭黄土地，一到南京上空，水、田是一片一片绿的织锦，深绿、淡绿、黄色，与北方大不一样。地域之不同反映在艺术家的笔下也不同，到最后画法也不同了。

这就是我讲的写生方法的异同，我觉得我现在也蛮喜欢这样画。过去铅笔画的一大堆，几百张回家整理出来的作品也就二三十张。现在一起出来写生二十天，我也就画两张、三张速写，还有三十多张画成的作品。回去呢也细细咀嚼，所谓坐卧游之嘛。我每天还有个习惯，晚上拿出来看看，明天早上拿出来再看看，也向自己提提问题到底怎么画，能不能画得更好，当时的氛围我能不能把握、体验和体会。这就是北派写生的好处，有时候面对对象也暗合了禅宗，有一种直接性，不好掩饰，现场的条件也不允许你多作推敲，不允许说费话，只能用最准确直接的方法来表达你的体会。如果你能够长期得做，正如我刚才讲的为什么喜欢出来写生，那就是多一点“天人合一”的时段吧。我们不能说有这么高的境界，最起码在这个小小的时段里我是“天人合一”的，我是细心体会自然的，自然给了我信息，我反映出来传达给别人，我就是优秀的画家，从写生中走来是一条出路，我的方法就是好的写生方法。

第二条，新时期中国山水画的出路。我记得可染先生、傅抱石先生去过德国写生，用水墨画的也都很好，这很有意思，我觉得中国的山水画能这样走下来。

说实话，“四王”的东西是非常好的，其实我也很喜欢“四王”，像王时敏、王原祁的画。举个例子，徐悲鸿当时说“四王”的画味同嚼蜡，还特别说了一幅画的云气像剪纸一样。他说的差不多就是王原祁的方法，王原祁的方法就是画抠出来的那种白白的云，不像后人染来染去。但是当到了更高的层面理解的时候，我觉得这正是王原祁高明的地方，他画得非常地干净利落，白得漂亮白得干净，给人想象的空间，超越了那种一般的视觉审美，是感受到了比较高的境界的艺术处理手法。当时徐悲鸿批评他们也是跟着康有为走，康有为说这个好那个不好，说“中学为体，西学为用”，徐悲鸿就说“中学为体，西学为用”。这也是对的，康有为是了不起的历史人物，眼光、胸襟不得了，跟着他没有错的。当时徐悲鸿也是磕头拜师的，所以徐悲鸿的书法非常好，康有为不会画，不会指导徐悲鸿，只能思想上指导。康有为书法是大家，所以一指点，徐悲鸿的书法就是上乘之上乘，他书法写得最好。这是我个人的体会。所以山水到了“四王”、吴、恽以后，吴历已经受到西方影响了，他在澳门住了很久；恽南田虽然是画花鸟，但山水比“四王”只好不差，画得非常得温润，书法又好，因此，他们做完这些之后，到我们就真的要另谋出路了。笔墨程式的变化让他们玩得真是有点没有办法了，这个时候寻找出路，应该说可染先生、傅先生他们师造化、去写生，寻找到出路了。

从东崖云舫远眺九华老街　48cm×87cm　纸本设色　2009

從東崖雲舫遠眺九華老街

己丑范揚畫記

九华山古拜经台　55cm×76cm　纸本设色　2009

九华山大天台正顶　55cm×76cm　纸本设色　2009

范扬的画给人的感觉就是张扬的。范扬并不忌讳他的张扬。范扬的画是往外张扬的，奔放、放肆。他把他的放肆呈现在画面上的时候，形成一种动态的美感，这是一种非发泄不可的美感，就好像某种东西他瞬间感觉到了，就记录下来，然后马上传达给我们。他的画张显了他的才气。（文／梅墨生）

我觉得傅先生从东亚绘画里、水彩画里找到一些方法，再通过自然的写生来找到一条路。可染写生呢，他做过版画，把版画、炭笔的写生、素描写生结合了中国画的层叠九染的手法，又结合了写生的细微观察、深入体会和表现。尤其逆光，我们经常看到但是却没有人表现出来。我们有时也体会到了，但是这种方法可染写生已经这样画了，我们应该拿出别的方法，因为山川依旧，而人事更迭。可染写生像孙中山一样“革命尚未成功”，不能说他全部做完了，那我们怎么办？我们要“同志仍需努力”。我们现在的写生路，也是我们前辈开创的一条光明的正确指向的道路，它可以刺激新时期中国山水画的发展，我们要继续前行，这就是出路。所在，大师已经指明方向和身体力行，我们就是要“同志仍需努力”，这是我讲的出路。你真的找不到出路，找不到更好的出路，可以从故纸堆里翻来翻去变变，变成什么样子呢？就像齐白石画山水，也是一种形式的摆布。或者像潘天寿先生，主要是他的个性化和他的线条在起作用。我们怎么走呢？自然中的汲取是最佳道路，前辈已经做了很好的榜样。所以跟我的同学交流的时候也讲，中国画的笔墨是有限的，大自然是无限的，我们把有限和无限这两个关系处理好，那么有限的笔墨就可以渐渐一生二、二生三、三生无限地生发，到你融入无限之中的时候就成功了。大自然变化是无限的，中国画的笔墨不可能不发展，我们的笔墨需要从零开始，从新时期的零开始，或者说新的笔墨等于零，前人已经做得很好了，我们继续重新开始做起吧。

第三条，就是写生的新视角。我就随便说吧。刚才我翻翻姚鸣京兄的画册，卢沉老师给你写的一段文章，写得真好。我也写了，也给同学们讲了，我说写生的时候不要为物所驭，被对象所奴役，我要做江山主人。我没看到陆俨少先生是怎样画的，包括钱松岩先生等江苏画派的老先生，但他们非常了不起！我们前辈从中国画这么一种程式化中转换出了一种方法和模式出来，有极大的突破性。破茧而出的意思已经出来了，他们真正是时代的代表，但在画画的时候多少有一点点为形所役。前辈给我们做了一个榜样，一个参照物，那么我们怎么画？我们能不能在新的时期里、新的时段里不要太过为物所役？有限笔墨表现无限自然的时候，怎么用传统笔墨靠上去又要像对象，这是我们现在要解决的。也是齐白石讲的“似与不似之间”。不过，鸣京画得不似多，我的写生画得像的多一点，都在似与不似之间，有的偏不似一些，我偏得似一些。所以呢，不为物所役这个指向，就是我们新时期的画家与前辈画家拉开区别的地方。拉开距离并不是说我们比他们好，而是我要跟

为荣宝斋学员作示范 41cmx32cm 纸本设色 2009

他们有所不同，就是古人所说的“君子和而不同”。我们是和谐的、和畅的，大的指向是一致的，但我不可能跟你一样，我要跟你一样就没有我存在的价值，时代也不允许我们一样。我觉得每个时代都有这个时代的代言人，我们这个时代山水画的代言人，多多少少在小可、鸣京、安林、我等这一代人的身上。历史总要发展的，说不定你不能超越前人，但是你必须创造新的历史。不能超越前人这完全可能的，现在也没有超越唐代的辉煌，但不能没有新的历史，历史还要延续、还要发展。

像西方欧洲的绘画也一样，我认为超不过文艺复兴时期，你去看看米开朗琪罗、波提切利、提香、塞尚等等，画太好了，面对这些油画大师我们真的没办法。我很同情中国的油画家们，他们几乎从传统到现代经历这么大的一个过场，但他们简直拿不出什么东西可以放得进去。这很可怜的，当然他们的画现在卖得很贵，虚火上升。但钱不是唯一的，卫生纸也可以卖很多钱的，作为一个卫生品推销商比画家赚的钱多得多。就是说，中国油画家们接触这么长跨度的一个时段，而他们自己创造了什么几乎看不出来。看欧洲绘画，有时候不得不服气。我到卢浮宫看那些画，真的觉得几乎一辈子都画不到这么好，包括我在内。当然，我懂一点西洋画。看中国画同样是，我们看董其昌、看八大，尤其范宽、“元四家”，几乎没有可能超越。但是我们还要活下去，艺术还要发展，时代性还要注入到我们画面之中。我觉得我们的画面已经注入时代性和时段性，这就是我存在的价值，我们存在的价值。当然我们还要继续努力，我经常讲我们要奋力前行，追上前人并叫后人追不上，这是我们这一代人的责任、理想和我们的奋斗目标。

这是我们的一点理想。有时候我自己想想也笑，五十多岁了还有理想。年轻人十几岁就有理想，长大了要做工程师、要做飞行员，作文写得不得了。后来我有一次就遇到一个飞行员，他后来就做了一个比较大的领导，是省里的一个正厅级干部。他喜欢艺术，要买我的画。我当时就在家里，打电话说你不要烦我，我要创作，我们不靠这赚钱的。有一天我早晨七点钟灯一开，他就打手机说你灯亮了我要到你家里来。我大吃一惊，从窗户往外一看，他买了一个小塑料板凳坐在我家窗口看到的河边，早上灯一开他就说你的画室灯亮了。我说那你就来吧，我说你怎么这么爱好，他说我原来是空军的师长，我说你还做过飞行员，他说所有空军的师长、团长没有不做过飞行员的，我不知道飞了多少次，我说我要向你致敬，我小时候理想就是做一个飞行员。他师长都做过了，现在还要崇拜艺术，角色的转换是很有意思的。我讲这一段就是说，五十多岁了我们还能有理想，这就是

塔洼人家　47.7cm×90.5cm　纸本设色　2009

塔洼人家
己丑

樂山大佛
己丑

画画的讲究亲身体验，总爱出去走走看看。画花鸟的，必然去找有奇花异草的地方，画山水的，必然去游名山大川，画人物的，则往往更猎奇，大都喜欢去找那些平日少见的人物形象，或是去偏远山村，或是去异族他乡，或者，索性与故人或古人打交道，把他们作为创作素材。总之，都是非得找到那些自以为能够入画的东西，才肯动手。此谓之曰『生活』。（文／范扬）

我们的可贵之处。实际上我也可以不要理想，我已不愁吃喝了，我有正式的工作单位可以混混，但是人总是要有一点所谓精神吧。这也是毛主席说的，毛主席说得蛮好的。我经常学习毛主席的话，“团结、紧张、严肃、活泼”，活泼这个词语，你细想一下很有意思，一活泼就新鲜了、生动了。到饭店吃鱼先拿来看跳不跳，跳就是活泼的，那么我们就吃，死鱼我们是不吃的。讲到这里我还要扯，我经常提，你注意没注意外国油画家经常画死鱼啊、死鸡啊、死虾，中国画家都不画的，在文章里我也写过，这我们都不吃的。不知道怎么回事，真怪！这不是南北的异同，而是东西方的异同，东、西写生方法的异同、写生对象的异同。东、西方绘画，方法和对象都有异同。比方讲视角问题，我经常讲西方是焦点透视，那么我们呢是移步换景地看。后来他们说这叫散点透视，理论家们这样说，我觉得也对也不对，有的时候多点，有的时候散点，不过这个散还是用得很好。我的说法，是移步换景无数的视点，还不是多点、散点。古人讲的所谓仰观俯察，一仰一俯，俯仰之间是多少个视点不计其数，所谓恒河沙数，不可尽数。说恒河沙数四万八千个、八万四千个随你说，是形容之大、之广、之多，不可具体定点，它是一个流程。中国的移步换景，不管走到哪儿，我头这样甩那样甩看起来都不一样。所以，我觉得视角问题，也是在写生的时候到底你怎么样领会、体会的问题。

第四条，写生和创作的关系。我觉得可染写生的那些作品就是创作，我们现在这些写生本身也是创作。另外，也可以自己创作，现场不能画大的，画夹有多大就画多大。后来我就听山东电视台张旭说，黄格胜在泰山写生能画八尺大的，六天画了六张八尺整纸的当场写生。我就说我回去看一下，因为她录像了嘛。就是说，方法真是各有不同。其实平时我是不怕画大画的，拉开纸就画，画坏了不就是一张纸嘛。八尺整张现场写生不怕风一吹坏了，不知道是怎么弄的。后来听说，要弄什么大板子，可能还要有很多随行人员，没有随行人员画不起来。刘海粟当年也是好多随行人员，在黄山上泼墨挥毫。黄格胜本事也是大了，八尺整纸写生有开创性，恐怕没有人画过八尺整纸当场写生的。我不知道古人有没有这么画的，周围的朋友中黄格胜艺高人胆大，可能胸襟也比较大，把写生当场就组合成创作了。我回去研究下，发言内容会更为充实。也有这样的，有的人写生就是写生，写生完成了就是创作，有点像印象派，印象派的写生画完就是作品了，包括凡·高，画完了就是作品。我现在也要学习这个方法，画完了就是画完了，下一次就是新的画了，昨天的我不是今天的我，今天的我不是明天的我，明天的我又画新的作品了。

乐山大佛 36cm×50cm 纸本设色 2009

白熊沟　50cm×36cm　纸本设色　2009

夹江千佛岩　50cm×36cm　纸本设色　2009

范扬/纸上江山

Fan Yang

从绘画史去看，所谓的大创作，大多是画家的生命再现，千百年来已蔚蔚大观，艺术的脉落也都会传承有序。很明显，绘画至两宋，呈现兴盛状态，南宋末及元明清几朝，分流于院派和士派，审美与技法同样分流之后，文人主掌画坛，以品论高下，妙品来源性情中，大创作不以大小而论，甚至文人小品成为佳品流传。那么，经历了百余年的演进和改良，品评尺度不及前人，但却凸现出齐白石、黄宾虹两位擎天柱式的大师，如何传承、如何推进是当代画坛的重要课题。

范扬，从出道以来，不断创造出诸多惊奇。他一直保持着敏锐的洞察力，渐渐汇流成独具特色的艺术航道，他说，画家是靠画来说话，别的什么，立不住脚。（文／子游）

范扬/人物

绘画滋养了我的心灵和精神。由于艺术家是不尽相同的个体，他们有丰富而不同的精神状态，和而不同，由此才丰富了整个民族的精神世界。（文/范扬）

/山水

中国画坛讲究传承，水墨山水是国画独有的创作形式，经过数百年的积淀，技法、程式和理念都相当成熟，要创新非常困难。而这些东西也是有时代性的，创新也是十分必要的。（文/范扬）

创作崭新的艺术 无愧于这个时代

——范扬访谈录

采访人/陈子游　文字整理/陆虹

陈子游（以下简称“陈”）：范扬老师，一个画家成为一个时代优秀的代表首先应该具备哪些素质？应该如何体现？

范扬（以下简称“范”）：作品有品质，画家有品性；画格高，悟性高。

陈：精神高于物质。

范：当然。

陈：气象很重要，气象体现人品内质。比如说，近期在炎黄艺术馆的五人展，提出“水墨雄风”的概念，雄风是一种气象，这个时代需要雄浑大气。

范：对的。但达到雄浑也不是那么容易的。

陈：所谓提倡“雄风”，我们也希望在中国画领域有一种雄强，有一种像黄宾虹所讲“浑厚华滋”的气象追求。当前更多的画家只局限于自己狭隘的思维中。

范：以我的体验来说，中国现在正值民族复兴、国力日趋强势之时。像电视片《大国崛起》的出现，从某种角度讲的就是中华民族的伟大复兴和中国文化的伟大复兴，它实际上反映了国人精神的强悍，它有文学家的思维，有哲学家最早的发现。而艺术家又非常敏感，他们甚至能最先感觉到时代民族复兴所需要的力量——雄心、自信和蓬勃的生命力，为什么绘画现在出现雄浑气象，因为我们时时刻刻感受到那蓬勃而向上的生命力。比如我每次出国回来，就感觉不一样。到了德国、法国、意大利，感觉它们国家非常得漂亮，也有秩序。回到中国好多地方乱哄哄的，沙土飞扬，沙尘飞扬，我感觉到有一种躁动，这种躁动就是生命的呈现；另一方面，也是社会发展蓬勃生机的体现，而这种呈现又通过我们的艺术作品表达出来。因为艺术家最能反映时代的精神，我们的作品也最能反映时代的强音。也许这种声音一时旁人无法感受，但真正读过史书的，从一种大历史观中能渐渐地渗透、显现出来。

陈：过去我看你画画特别有速度，实际上这取决于绘画的功力。如何把精微跟广大联系起来？

范：所谓广大与精微结合，我觉得运用得较好的是傅抱石，有块面，又勾了很细的线，这种处理手法很好。刘海粟说傅抱石，人物画得好，有来历。我认为傅抱石最大的好处就在于气韵生动。不仅仅是画面表面上的精微广大，还有更深的思考。所以艺术家的精微广大更高明的是感觉的精微广大，不仅仅是绘画形象上的细致深入。

因为感觉粗糙，做什么事都会粗糙。一个人感情丰富，哪怕一个颜色、体态、动作都是精微的，并不是描眉、画眼的精微，感觉上的精微和表象上的精微是有着天壤之别的。一个美女，不仅仅在于她的五官长得怎么样，而在于她细腻妩媚的理性和你讲话反应的敏捷，她所体会出来的智慧，表现在生态、体态的变化，那就是尽精微。我画一张大的画，里面也有很精微的感觉，细致、微妙的处理，这就是我大笔横扫的直觉。广大就不用说了，气象要大，气局要大，画一个小画也要感觉到大画的气象。画一个大画要能控制住局面。就像我经常讲的，要抓住形象的象。我是怎么画大画的？有的人画的大画是一块一块拼出来的。我觉得我有更深层次的理解，就是说我全部是大笔横扫的。但是我做得到精妙的笔的衔接，这里的渗透、交错、衔接、细节处理的讲究，都是我的境界。

绘画滋养了我的心灵和精神。由于艺术家是不尽相同的个体，他们有丰富而不同的精神状态，和而不同，由此才丰富了整个民族的精神世界。

陈：开始你谈到绘画的细腻是一种指向。中国绘画总体讲究的是气韵生动。你对气韵是怎么理解的？

范：我觉得“团结、紧张、严肃、活泼”的口号提得最好。生动的就是活泼的、跳跃的、充满生命力的，有原始生命充裕的状态。人们所说的“活泼泼地”，动感就是对气韵生动两个词的最好阐释。

陈：一个画家的作品与自身的生命体验和情感是联系在一起的。

范：有的人深厚，有的人浅薄。因为老人有他的阅历，一个老先生、一个老妇和一个年轻人说话就是不同。新长成的树有它的鲜活，这个就是鲜活和老到各有特色。鲜活有鲜活、鲜嫩的美，老到有老到的特点。我们过去说这个人成精了，可以说是古灵精怪的精，也是精华的精，精华所在。

陈：是不是这都是天生的。

范：说是天生的，有时候是周遭的环境造成的，而周遭的环境则往往是天然生成的。比如一个山村的孩子，虽然天天往山上跑，但他不可能像刘翔一样去比赛跨栏，因为他没有大的氛围和环境，没有训练，没有机会，不能成功。

陈：你一贯特别重视绘画与自然的融合，你有一次说40岁以前师古人，40到60岁师

范扬对于人物画的探索和思考在整个20世纪80年代的时空里，其立足点不是在当代的人物画创作中延续现有的模式，而是在对当代的人物画现状冷静分析之后，毅然决然地回到传统中去感悟人物绘画的笔墨和线条的表现力，以及人物画在当代环境下的意义。（文/康征）

造化。你觉得任何成就都是来源于自然、来源于体验、来源于造化吗?

范:实际上绘画的道理真的是很少,同时也真的很多,它给了你非常宽阔的空间体验。由于它的心笼罩得大,我觉得中国理论和中国思维的高明之处是有一个框架的,但有点朦胧混沌。所有的了不起的艺术创造者,都不是光学古文不学造化就能得到启迪的。“水墨雄风”展览,我画了两件大作品,一件是《太行山》,一件《印度元素》。我带学生去太行,真正是去写生。我绘画的时候,是在过程中“中得心源”的。当时我既得到造化,又得心源了。我都是在其中有了心灵的感应。

陈:在中国历代的大画家里面,石涛属于师造化比较强一点的。你对石涛的认识是怎样的?

范:石涛确实是笔法多变的画家,另外他的小品也很好。他画的黄山画得真好。尤其是笔墨不多的作品,他的笔精墨妙。我看到他个人有一些大一点点的画就好像有点控制不住了。石涛对绘画有很多的说法,这些说法大家心口相传,它的作用、价值大家都佩服。

陈:实际上对画的要求,更多的是对文化的要求,比画画技术的要求更高一些?

范:在笔墨没有大问题的基础上,讨论文化品格是个很重要的话题。确实由于交流或者行万里路以后,眼光开阔,这会带给画面上质的不同。每个时代和每个时代的知识结构不同,那么这个时代创造的辉煌与那个时代创造的也不一样。我们可以创造新的辉煌。

陈:从现实的角度来看,中国国家画院的成立,意味着中国画在这个时代受到更大的尊重,也意味着这个时代对中国画有更高的要求。今天的中青年画家,他们应该用怎样的心态去面对这个时代?

范:这个问题你提得非常好。我个人认为,中国国家画院的成立是一个非常了不起的事情,是大事。它标志着中国画在现代中国文化情境中地位的确立。实际上对于各个层面讲,对民族文化的认同,就是认同自己、肯定自己。过去叫“皇家画院”,现在是国家的、人民的,我们叫国家画院。实际上它是代表着当代中国画最高水平的创作与研究机构。你走出去,你就是国家队的,不是省队的。我们是精英聚集的单位,应当代表国家中国画创作、研究的最高水平。实际上对我们自身也提出了更高的要求。前辈们真诚地希望中国绘画兴旺发达,希望确立中国画家的地位、中国画的地位。这里寄托了老前辈对国家画院、对新一代画家的希望,我们只有努力为之奋斗。

陈:我们在创作过程中,如何体验形与神之间的关系?如何理解形神兼备,画家应该怎么在这方面作出努力?

寓所一隅

范：画家对形的捕捉确确实实需要训练，这也是一般人都拿起毛笔写字而不能拿起毛笔画画的区别。画家对形的认识和对形的把握、捕捉，到形象的创造，确确实实要经过长期的训练。像我们学院出来的画家，其实下了很大的基本功。对于我个人来说，我觉得形对于我来说没有困难、障碍，所以如何塑造出更加美的艺术形象，是我们要做的事情。比如人物画，画人物画没有找寻形象的能力，基本上画不好。所以这是需要更加强有力的、宽博坚实的基础。就像运动员跑得快，这都是长期训练的。基本的素质、能力、爆发力、耐力、技术都要靠长期的训练。一般真正要创作大作品的人物画家，没有坚实的基础肯定不行。我觉得没有形怎么能谈到神呢？另外，有形无神也不行，没有主心骨是站不住的，这时你的精神就没有体现出来。在漫长的艺术史长河中，我们希望每个时代有它自己最溢彩流光的东西。

陈：我们通过跟你的交往，启发了我们对某些东西的认同。目前很多画家似乎更关注自己的利益，我们也能切身地体验到这一点。像您这种为人态度，总是那样地竭尽所能帮助别人，我特别欣赏。而目前中国画坛、画家素质的缺失和人格的缺失很成问题，您谈谈对中国画坛现状的看法。

范：要是谈我个人的话，我是一个比较随和的人，宽容度也比较大。我经常跟我的学生讲，你能够看到很远的时候，你周围的事情就不要那么重视。如果你有很宽阔的前景和远大的理想，周围环境对你的干涉就不算什么。我觉得君子之间和而不同，正因为大家的趋向、志向比较高，不同也能够和谐，这就是和而不同。如果能够做到这一点，就符合和谐社会对每个人品格的要求。

陈：董其昌提出一个“南北宗”的问题。实际上是绘画审美的一个区分，对绘画的这种包括地域涵盖其中的说法，您怎么看？

范：董其昌提出“南北宗”是非常高明的，他有自己的观点和看法，他拿自身的说法来指点江山，说得很有道理。南北宗确实有区别，南方的山水很滋润、平滑，北方的大山是四面峻厚。实际上到今天，南北画家还是有区别的。比如，中国美院的画家们对技巧的锤炼就显得水墨变化强，北方的画家往往都在势态上强劲一些，创造样式上更加注重一些。确实审美有所不同，因为艺术家生活的氛围和环境不一样。我既在南方长大，又在北方体验过，可以兼二者之长，我觉得我得天独厚。很有意思，为什么南方的画家不怎么愿意到北方来定居，因为水土的不服。不仅是说喝的水和生活的环境，也有艺术上的水土不服，这个水土不服是全面的水土不服。南方的画家到北京来的不是很多，现在交通什么都不是很大的问题，为什么不来呢？就是因为这个原因。我愿意来，因为我至少有点北方豪客的气质，我觉得两者结合起来对艺术来说，就能够更上一层楼了。

陈：您曾经是学院教授、领导，请你谈谈对学院中国画教学的个人经验？

范：对于中国画教学我有很多话要说，有很多的教育上的事情要去做。中国画的教育是非常值得研究的一个大的课题。没有人拿出答案、方案，甚至系统化的教学体系都没有。系统的想法和说法到今天没有看出哪个更好，这个很有意思，更值得研究。它实际上跟新式教育，一百年前尝试中国的学校教育有很大的关系。原来是有脉络的，但一刀切断以后，来了一个新的模式，大家都在看，似乎并没有看到了不起的成果，也没有得到确认和认同。

现在我看最近中国国家画院做的这种模式，是新时代必然的产物。中国国家画院这两三年正在聚气成形。3年、5年、10年、20年，说不定我们能够创造出一种新时代的中国绘画体系、模式，也内涵了我们对国家画院的导向性的宗旨。我们要做什么，我们会怎么样做，我们就像一个黄埔军校，培养出无数的将领，在各方战场上打仗，但是他们都要能战斗。我们希望将来这样黄埔军校式的教学培养出画坛将领，所以我们要办成这样的训练模式。其实现在正在实施，实际上在矛盾和混沌中逐渐地清醒。目前高校的教育模式一般是老师会什么就教什么，卖什么就吆喝什么，这个实际上有很大的问题。我觉得他们应该拉一个框架，一个知识的基本框架，奠定你发展的基础。你有了这个基础可以往前走，你上面的平台才上得去。这就是我对高校中国画教育的思考。我本来想做教育家的，后来由于种种原因做不了教育家，我就改做画家了。关于教学，我有很多的兴趣，乐此不疲。

陈：教学行当里面，有一个教学相长的理念对艺术家的创造还是起了一些作用的。

范：因为每个学生不同，你提出这样的问题，他提出那样的问题，我是老师，我要会呀！我要不断地充实和学习。不仅学习古代的，也要学习现代的。学习古代，有很多同学拿临摹品或者他临摹的那些画，我一看就知道这个是王时敏的、那个是蓝瑛的等等，因为我太熟悉了，像遇到我的老朋友一样。另外，我也在学习新的东西，很多年轻人画法不同，他们学习西方的东西，或者其他的东西，我们也要懂。这是对我们学习的要求。我要教他们，就要要求自己。我在教学上有我的想法，很多同学由于年轻，感觉敏锐，有很多有才华的闪光点体现在他们的画面里。这些闪光或许他们感觉到了，或许只是模糊的展现，有些是碰撞发出来的闪光。对于我来说，往往我看到了这点，倘若我这样画，我觉得非常好。我觉得像金庸小说里写的吸星大法，你有一点才华，马上流露出来，你画不好，我可以画好。我觉得我是教学相长，等于他们帮助了我，是源头活水。他们是一泓泓的清泉。当然我们过去也是清泉，但是流到了现在，已经变成一潭深水了。年轻人经常有很多有才气的想法和表现手法，他们体验不到，我们可以体验到，他们画不好，但是我们拿来可以画好。他们可以滋养我。为什么老人喜欢跟年轻人在一起，因为他们有活力。这就是我对教学相长的认识。同学实际上也给了我很多的东西，让我吸收和吸取。事实上就是这样，有些画家总觉得学生都不行，其实很多学生都有才华。你一个人的智慧哪有几十个人的智慧多呀！但是他们的能力做不到，而我能做得到。

陈：觉得今天一个中国人、一个艺术家需要锻造什么样的灵魂？

范：对我来说应该是创造，在绘画领域里的创造，做出新的贡献，这就是我对灵魂的追求。其他的都可以不谈。我对精神的美、艺术创造的追求就是我存在的价值，我对自身价值的认定，这就是指导我的生活、学习、工作的一个宗旨。每个人可能追求不同，当然真、善这是最好的。从善良的角度去做事、待人，这个也是应当做的。至于美的追求，是我们艺术家的资质，而我能把其中一条做好就不错了。创造崭新的艺术，无愧于这个时代，这就是我的追求。我还有这份理想。

画里要立一定的法度，须表里结合，里者为造型，表者为造质。型是大大小小直至整幅的结构样式，是画的骨架；质是生长在型上面各种各样的肌理和色相，是画的皮肉。型与质骨肉相依，长在一起分不开。只要向画里一伸手，就免不了与造型和造质有瓜葛，尤其是想要搞出些与众不同的法来，就更得把型质二者照顾周全了，怠慢了哪一方，都会出问题。（文／范扬）

范扬无论在绘画界还是在绘画市场上，均可称之为『范扬现象』。在学术上，他的水墨属于『非常水墨』一类，可以称之为传统的水墨探索，使自己的个性在不失传统的基础上，又能张扬笔墨特有的表现能力，可谓是个性突出；在市场上，大范围的媒介宣传和推广，又使他成为收藏界追逐和关注的『新宠』。可以毫不夸张地说，和藏家聊天，不出三句话，肯定就会有范扬的话题进入，不能不说其市场的关注度极高，用收藏圈里的话讲，就是『热』。（文／西沐）

范扬／人物

Fan Yang

中国画正在聚气成形

——范扬访谈录

采访人/陈子游　文字整理/陆虹

陈子游(以下简称“陈”):范老师,如今,画坛上闪亮的东西太多,画家们沉静下来的时间不多,有点明星状,尤其所谓雅俗共赏的画家,乐于此道。而个性独道的艺术家,不容易被大众接纳,对于艺术家的偏执,如何理解?请你谈谈当前艺术家在纷繁复杂的环境下,怎样确定自己的艺术取向。

范扬(以下简称“范”):我觉得你们这个构思很好,我先从你刚才说的偏执谈起,艺术家实际上都是偏执的,尤其是优秀的艺术家。我们从近代谈起,徐悲鸿有一副对联“独持偏见,一意孤行”,作为一个在中国现代美术史上任何一位美术史家都不能回避的杰出画家和美术教育家,能提出这样的口号,是很有胆识的。因为这跟历来中国儒家传统的精神是有所距离的。而回顾更远的中国美术史,颠狂在中国的文化艺术史上是值得大书特写的一章。痴、颠、疯、狂、迂,不胜枚举,北宋米芾字元章,史传说他个性怪异,喜穿唐服,嗜洁成癖,遇石称“兄”,膜拜不已,因而人称“米颠”;南宋的梁楷于嘉泰间画院待诏并赐金带,其不受,世号“梁疯子”;黄公望是元代画坛宗师、“元四家”之首,号大痴、大痴道人;倪瓒性情清高孤傲,个性迂癖,人称“迂倪”;八大山人一生出僧入俗,以狂继颠,由于长期积忧抑郁,遂患颠狂之疾,颠态百出;唐伯虎尽管才华出众,有理想抱负,是位天才的画家,但他那愤世嫉俗的狂傲性格不容于这个社会,他一生坎坷,最后潦倒而死。艺术史上的真正的颠狂者们,内心一定是有着大委屈而不得舒展,同时又是有大本事来承载其颠狂的;他们不是纯粹的病态的神经错乱或精神分裂,而是一种独特的接近自然本真状态的艺术方式。颠狂状态下,最原始的生命力和创造力得以萌发。也只有“偏执”进入痴迷状态,才能使他们跨出平庸。西方荷兰画家凡·高是“后印象主义”的其中一位杰出画家,他的悲剧性的生涯,造就他那与众不同的传奇色彩,这位极端孤独、无比热情的艺术家,人生饱尝寂寞、孤独,在痛苦的边沿挣扎,他是天才,是狂徒。由此可见,古今中外,莫不如此。艺术家需要偏执。在历史上,当时的偏执往往被世人不容,但经过时间的推移,又成为经典的东西长流不衰。

陈:这种角度理解偏执很有意思。

范:说到偏执,要有才,偏执才有意义。徐文长更是大才,了不起,偏执也需要境界。

陈:有人说,性格决定命运,思维决定成败。

绿色丛林之一 210cm×140cm 纸本设色 1990

绿色丛林之三　140cm×140cm　纸本设色　1990 [上]
绿色丛林之二　140cm×140cm　纸本设色　1990 [下]

范：艺术家要性格独特，更是要有天赋。古往今来哪个大家不是智慧过人、手段超然呢。

陈：取法乎上，兼得其中。如何选择也挺重要。

范：对。

陈：我们再谈一个现实的问题，当下我们关照自然、人物、山水，在你的几十年实践当中，你是怎样来看待这样的现状？

范：尤其是中国画，在清末以后一直处于一个较为低迷的状态，后来受西方造型、形式、色彩、艺术思想等的影响，对中国整个画坛冲击都比较大。由于种种原因，解放之后又有些特别，比如有一段时间学习前苏联变成彩墨画，接下来的就是一个又一个的阶级斗争运动和史无前例的"文化大革命"，这个时期"左"的影响比较重，文艺都是为政治服务，为中心工作服务的。在这样一种背景之下，实际上已经把表现形式美、表现风格美的艺术形式给排斥掉了，认为那是资产阶级的东西。所以在几次政治运动之后，画家基本上都转到表现"红光亮、高大全"上，想追寻传统、研

究笔墨是不允许的。在这样的思潮影响下，艺术作品脱离了生活，脱离了艺术的本质。到了改革开放之后，人们逐渐认识到民族传统的可贵，以及在当代延续的必须性，很多老一辈的艺术家都为回归传统作出了很大的努力和成绩。回归传统、追本溯源。其实不光是在绘画领域，我们可以发现，很多都在回归传统。比如说2008年张艺谋的奥运会开幕式，开幕式演出集音乐、舞蹈、戏曲等多种艺术形式为一体，几乎囊括了所有中国传统的文化艺术内容。他把中国画的大场面表现出来，中国画传统卷轴慢慢舒展开来，演员在画布上描绘中国传统的水墨画，水墨画的意境诠释了天人合一的和谐中国哲学。他从艺术上表达了只有民族的才是世界的，才是最优秀的。有的艺术家努力学习西方艺术，引西入中，走出了适应中国需要的融合中西之路。林风眠对西洋的绘画精神是汲取得最多的近现代的艺术家，本质上还是对中国传统书画的弘扬。其绘画风格依旧是中国画的面貌，没有脱离民族精神。我们看到齐白石先生创出一条以大写意花鸟画法画山水的路子，他在艺术创新上，坚持植根于民族土壤。他以平和、朴素的性情进行创作，同时延续着中华民族的文化精髓。所以到了回归传统上，应该就是回归自然，从大自然中吸吮养料，平时注意观察周围的自然景色，加以长期修练和独特的生活感悟，找到其艺术语言形式和个人艺术风格。

陈：其实中国画不能单一去看，与音乐、文学、书法等……

范：当然还应包括对中国文化的哲学思想、价值观念等问题的研究、思考。

陈：研究也得有方法，不然学一辈子也不会得道。

范：总结就是"师传统、师造化、师我心"，师传统即学习文化精髓、师造化即师法自然，师传统与师造化，互为因果，相互联系，这就是一条正路，也就是你讲的第一个问题的宗旨，思想观念的端正和艺术作风的偏执。根基应该是传统，传统是各个时代的共性，是一代又一代地传承下来的，如果传统没有继承好就去创新，那就是无源之水，免不了枯竭；如果死守传统，师古不变，就好比一潭死水，有源无流。所以在这个过程当中，"师我心"就变得尤为重要了。

陈：每个人都会有局限，不能全面关照、全面通达。

范：中国画坛讲究传承，水墨山水是国画独有的创作形式，经过数百年的积淀，技法、程式和理念都相当成熟，要创新非常困难。而这些东西也是有时代性的，创新也是十分必要的。"笔墨当随时代"，时代变了，笔墨也不得不变，中国画的笔墨并不是分开的用笔用墨，而是整个的绘画结构体系。作为我们五十岁上下的画家群体来说，既有扎实的绘画基础，又有清醒的认识，身体状况还可以，眼界也比较开阔，在这个时候我用"聚气成形"四个字来概括，接下来就是需要破茧而出，指日可待。正如我们经常提到的"天人合一"，人与自然的和谐，这些都会体现在我们山水画家的笔墨创造中。这些创造来自于自然，这些和谐来自于人和自然互相的关照，具体落实的话就是写生，写生的方式多种多样，有的面对真山真水当场写生，有的人当场画完小稿回去再画。当场完成一如印象派的画法，而回去深入画又像是后印象派了。这些都没有关系，是殊途同归的，所有的人都可以通过不同的道路达到艺术的顶峰，做到自己的极致。

青海长云暗雪山　36cm×30cm　纸本设色　1994

秦时明月汉时关　36cm×30cm　纸本设色　1994

送别　36cm×30cm　纸本设色　1994

闺怨　36cm×30cm　纸本设色　1994

望果节的游行队伍　180cm×365cm　纸本设色　2000

骑驼猎狮　69cm×46cm　纸本设色　2006

戏禽图　69cm×46cm　纸本设色　2006

此曲天上有　69cm×46cm　纸本设色　2006

归雁牵牛图　69cm×46cm　纸本设色　2006

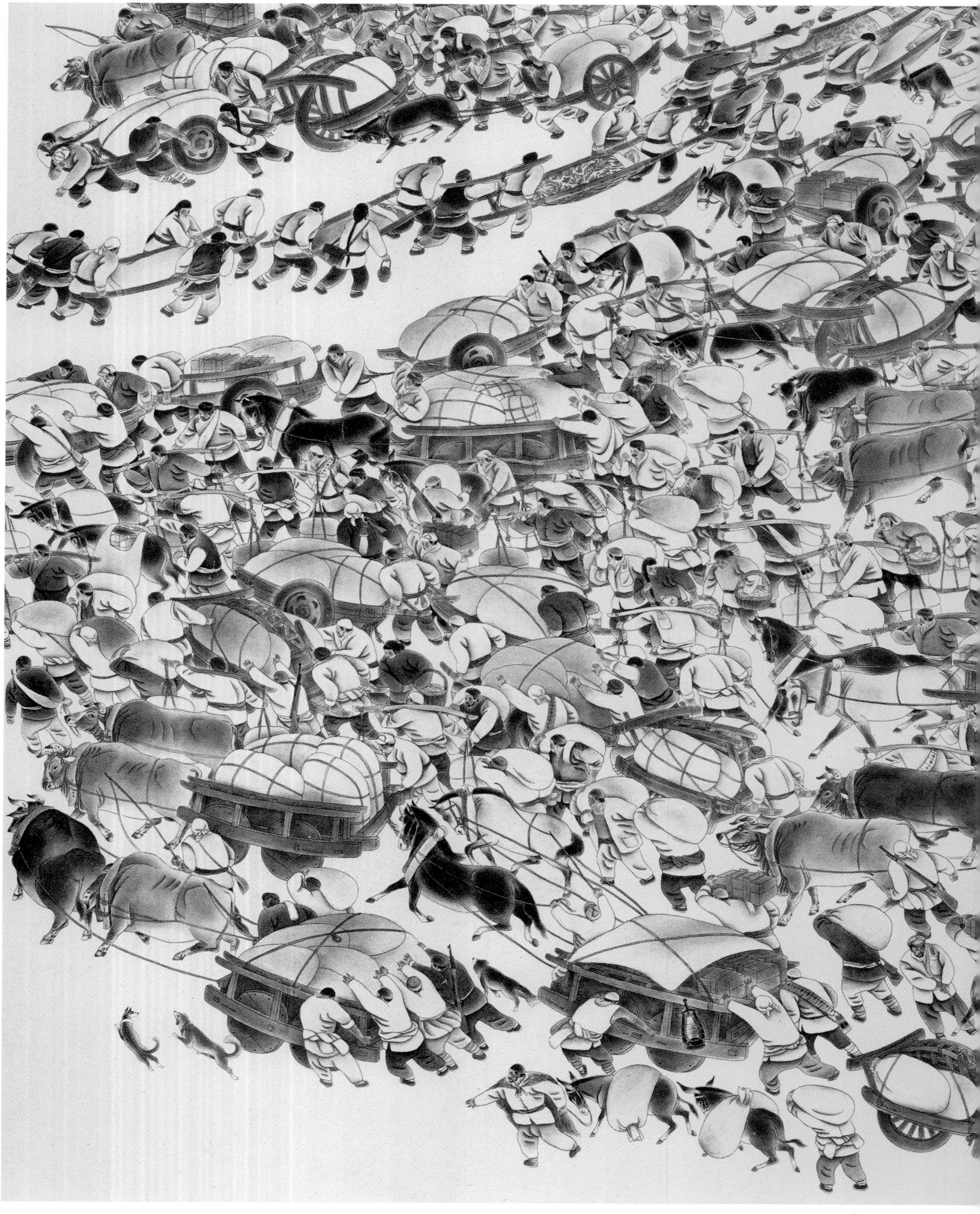

支前　120cm×173cm　纸本设色　1984

印度元素　200cm×500cm　纸本设色　2006

范扬/山水

Fan Yang

我的艺术就是我的生活
——范扬访谈录

采访人/王民德　　文字整理/夏小玲

从张家界望天门山　43.3cm×53cm　纸本设色　2007

王民德（以下简称“王”）：你关心将来在美术史上的位置吗？如果你关心这个问题，你认为自己在将来的美术史上会是一个什么样的地位？我希望能听到坦率的回答。

范扬（以下简称“范”）：我觉得江山代有才人出，每个时代都有每个时代的杰出代表。前人曾说过，每个时代都有一个大的浪潮，那么最杰出的艺术家就是这个浪潮上面所翻转的浪花。作为一个当代画家，我觉得不应该去跟同时代的画家比较，不应该是横向的比较，而是要站在历史的纵轴线上，找到自己的坐标，要在历史的长河中找到自己的位置。纵观中国绘画史，称得上一流画家的，我认为也只有范宽、倪云林这几位，二流也只有沈周、文徵明等等；而当今画坛上活跃的画家，如果放到历史上看，我认为也不容易入到二流，更谈不上一流的水平，但是作为一个时代而言，我相信每个时代都会有每个时代的一流画家，这是肯定的。《兰亭序》文中讲：“后之视今，亦由今之视昔。”想想看，当后人看我们这个时代的时候，就像今天我们看前人一样。今天的人怀着敬仰的心情看倪云林，看董其昌、徐渭等，穿越时空去体悟前人给我们留下的精神产品，去接受他们精神的光芒、智慧的光芒的照耀，根本不需要管他们当时是怎么混的，当时的地位怎么样，当时是

宏村月沼池畔　43cm×99.5cm　纸本设色　2008

张家界仙人居　43.3cm×53cm　纸本设色　2007

张家界下坪　43.3cm×53cm　纸本设色　2007

不是画卖得好，只看他们是否在艺术上有创造，而这种创造在经过时间的洗礼，还能让后人看到光芒，对于这样的人我们是佩服的。因为他们有智慧、有才华，同时用毕生的精力为中华民族的文化建设作出了贡献，对这样的人，我们应该佩服。如果我们也能像他们一样，用自己的作品感动别人的心灵，那我们也能让后人"后之视今"啊！如果三百年、五百年后还有人提到叫范扬的画家，那是多么幸运的事情。

王：你是一位很有文化责任感和使命感的画家吗？

范：应该是这样的。作为画家应该承担历史和时代赋予的使命，必须要做这个时代最优秀的代表。我们的前人创造了那么多优秀的文化艺术品，为什么我们不为后人留下属于这个时代的创造呢？前人有前人的艺术背景、生活方式、审美标准，有属于那个时代的特定的文化氛围，历代艺术家用自己的才华、智慧和丰富的创造力，留下了伟大的艺术品。那我们今天也应该有这个时代的艺术创造，让中国伟大艺术传统和文化传统，一代一代生生不息地加以传承。我觉得在传统的艺术长河中提供新的创造，这是我们要做的事情。

王：如今有才智的画家很多，有使命感、有责任的画家很少。

范：我们承担的历史责任，推也推不掉。"天将降大任于斯人也"，"斯人"不一定是我，但或许是我，可能就是我。我或许比较狂妄。但是一个时代必须有人来承担责任，为什么不是我呢？我们现在有很好的环境，社会经济发展迅速，文化繁荣有序，民族文化的复兴与和谐社会的建立成为这个时代的特点。那么，每个时代都会有精英思想，有精英人群，为什么不是我呢！我想应该当仁不让，而且推也推不掉。

如果我们连想也不敢，你怎么能做到呢？所以，能实现自己理想的人，首先必须要有理想，我有理想。

王：这跟你的家学有关吗？

范：我想是的。我出生在南通范家，南通范氏算得上名门望族，文脉久远，我们的先辈上至春秋的范蠡，宋代的大文豪范仲淹、范成大，下至我的曾祖范伯子，都曾名重一时。当年陈散原先生曾有文："清以来，诗家当属南通范氏第一。"说的就是范伯子。陈散原先生在文中说，范氏在历史上的名气为什么没有那么大呢？是因为他没有做官，是一介布衣，追

唐模水街　42cm×53cm　纸本设色　2008

远望虹桥 43.3cm×53cm 纸本设色 2007

求阳春白雪。当年陈师曾在南通范家曾住过三年，应该说南通范氏在19世纪末、20世纪初还是文脉昌盛。借用我母亲的话说，当年她看到自己的父亲不停地在案头上画山水，说是作画且为稻粱谋；现在又看着自己的儿子整天在案头前拿着笔，点点画画，也说是画点山水换点钱。实际上我母亲说出了她的直觉，潜在的意思是说，家学的辉煌不是靠一代人就能完成的。

王：和大多数画家相比，你有着更好的家学和启蒙。

范：还不是因为启蒙，仅仅启蒙是不够的。我认为基因更重要，一个家族的基因不是一代人造成的，是很多代人才能造就的。

王：谈具体些，就绘画而言，你的成长受谁的影响最大？

范：我一开始并没有学画，小时候喜欢涂鸦，稍大些就不画了。十七岁那年，我叔叔范曾来南通，问我："你天天荡来荡去，将来有什么出息呢？"当时正是"文革"期间，我说："我将来长大了就做一个有益于人民的人。"那时候，毛主席倡导为人民服务，我得听话。他说："做有益于人民的人得有本事才行，做清洁工扫拉圾也算有益于人民，做人民的总理也是有益于人民，我们可以务实也可以务虚，看你怎么去做，怎样才能最好地有益于人民。从你现在的条件来看，你要是搞科学，需要一个搞科学研究的环境，要有科学实验室，才能搞科学，搞核物理、搞分析化学。我们范家的条件，搞文化，从事艺术就有得天独厚的环境，而且，给你一张纸一支笔，你的条件就跟世界上一流的画家在同一平台上，跟米开朗琪罗、达·芬奇、拉斐尔、塞尚、凡·高等大艺术家一样，所以你有无限的创造空间。"就因为我叔叔的一席话，我就拿起毛笔画画了。不知道为什么，我们范家子弟学画特别容易，我很快就画得很好了，也越画越有兴趣。

王：这期间影响你的有哪些画家？

范：我高中毕业后，本应分配到国营南通玻璃一厂，我没有去，后来自愿去了集体单位——南通市工艺美术研究所工作，在那里我工作了六年。当时南通工艺美术研究所经常邀请全国许多画家来讲学，庞薰琹、吴冠中、祝大年、黄永玉、韩美林、袁运甫、袁运生等人都来过。这些后来名满天下的大画家，那时只是一些普通的老师，很容易亲近，随时都能让你看到他们的写生作品，而且可以跟着他们写生，去他们家里看他们画画，对我学画启发极大。在这样的环境中，遇到的都是一流高手，他们随意脱口的一句话，都有胜读十年书的功效。有一回，吴冠中到南通，住在一家小

玉山普宁寺　42cm×53cm　纸本设色　2008

西递村　42cm×53cm　纸本设色　2008

从沱江北岸望烟雨凤凰城　49.5cm×207.5cm　纸本设色　2007

从沱江北岸望烟雨凤凰城（局部）　纸本设色　2007

招待所里，一点架子都没有，吴先生对艺术的那份执著，是非常真挚的。那时候他还没有今天的名望，主要还在画西画，但是他们那一代的成功绝不是偶然的，他们有一种民族的意志，有一种创新的精神，可以说，他们对艺术的真诚是非常可贵的。我们今天看待艺术家最重要的是艺术家的心性，是他们内在的精神所在。

王：请谈谈你的艺术主张？

范：我觉得，一个民族的艺术必须是扎根于民族文化的土壤，必须要有一个民族的气派。比如佛罗伦萨画派，米开朗琪罗的东西，比较锐利，轮廓非常清楚；威尼斯画派，乔尔乔尼和提香的画，画得很水气、柔和，有朦胧的感觉，构图新颖，色彩上有很多变化，非常好看。世界之所以丰富，就是各种民族、各种生活环境的不同，同时创造了各种艺术的风格和流派。我们中华民族有自身的文脉所在，在世界的艺术长廊中，我们有我们的存在价值。不能说我们只崇拜西方那些大师的伟大，也不能错怪毕加索没有学中国，他很崇拜中国的绘画艺术，他也不否认中国绘画艺术应该有极高的地位。再拿徐渭跟凡·高比，徐渭了不起，戏曲、文学、绘画、书法等等，他画得比凡·高更抽象，更接近精神层面和精神本质。在做人方面，徐渭要比凡·高嚣张、张狂，他可以南腔北调、东

张家界乌龙寨　53cm×43.3cm　纸本设色　2007

倒西歪，还去坐牢、杀妻、自杀。徐渭自杀的手段比凡·高惨烈，用大锤锤肾、贯耳门，徐渭死后没人管，只有破席裹尸。他的生命历程比凡·高曲折、丰富多了。在艺术上，我觉得徐渭也比凡·高高明。但为什么我们的艺术作品卖不过西方呢？我觉得这不是艺术家去管的事儿。我们有自己很伟大的艺术家，有这么一个人就已经超越了西方最伟大的、最牛气的艺术家。我们还有成千上万的不知名的工匠，无数人的智慧，凝聚了几千年辉煌的艺术，我们当然屹立在世界民族之林。当我们的国力强盛的时候，成为国际文化、经济、政治主流的时候，我们的文化、我们的艺术就是全世界最好的。

王：具体谈谈你个人的绘画主张。

范：我们应当有我们民族的气派。

王：在这个前提下呢？或者说如何来体现民族气派呢？

范：我们首先需要有这样一种自信，有了这种自信，才能树立自己的标准，确立自己的绘画主张。我曾经讲，有些人提出的所谓实验水墨，实验什么？我觉得，这个名目的提出就是缺乏自信。我说，什么实验水墨，我要做的就是最好的艺术！我不是实验，我是创造。写生的时候是创造，临摹的时候也在创造。我不是搞科学，我不实验。科学需要实验，艺术就是创造。现在很多人画画要建工作室，我说中国人不需要在工作室画画，中国人过去叫书斋、叫画室，工作室是西方人的概念，他们把画画当成工作，我们不是，我们的艺术是生活的一部分，我们的艺术是在书斋里，在画室里创造的，不是在工作室完成的。

王：中国艺术一个很重要的特征，就是把艺术与生活一体化。

范：我的艺术就是我的生活。我读书在书斋，我画画在画室。

王：问一个很具体的问题，你怎么看中国画的临摹？

范：临摹是必须的，并且方法非常重要。我是从《芥子园画谱》开始临的。我过去教学生也是让他们临摹《芥子园画谱》，告诉他们，树的画法是自上而下、自左而右，石的画法是怎样的，云水的画法是怎样的，这些基本的方法都可以从《芥子园画谱》入门，然后进行创造。《芥子园画谱》汇聚了中国画的优秀经典，汇聚了中国画的基本法则，多少聪明才智之士、贤达高人的笔迹汇入其中，他们心无旁骛，潜心艺术，创造了辉煌的、洋洋大观的艺术，积累了前人丰富的经验。

王：你怎么看写生？

张家界后花园　53cm×43.3cm　纸本设色　2007

伏羲卦臺山遠眺渭水環行兩岸陰陽互抱暗合天機是也
己丑范揚

黟县塔川写生 戊子 樹范

潕水侗寨　52cm×201.8cm　纸本设色　2007

范：在我们传统的概念中，画花鸟叫写生，画人物讲传神，实际上，写生就是从自然中吸取感觉和灵感，由自然来启发人的心志和性灵，非常的重要。我觉得李可染先生、傅抱石先生他们画得最好的是写生作品。我非常重视写生，我经常讲，我五十岁以前是师古人，多临摹；现在到了知天命的年龄，我如今的状态是师造化，师造化就是写生；我觉得我到了七十岁后，就师我心。

王：用二十年的时间来师造化？

范：我是按照自己的三段论，五十岁前师古人，五十岁以后师造化，七十岁以后师我心。如果在每个阶段，我付出了艰辛的劳动，我相信自己将是这个时代最优秀的画家。

王：很多人在谈到你的画时，都会谈到黄宾虹对你的影响，你怎么看？

范：我受到过黄宾虹的影响，但我从来没有临摹过他的一张作品，可能心性相通，追根溯源比较相近的缘故，我的画有黄宾虹的影子。黄宾虹师北宋山水，又受清代王原祁的影响，他的画讲究天头地脚，又具有现代绘画的意思，长期浸润在传统绘画里，然后脱茧而出。我追求的也是这样一种境界。

王：对20世纪以来的中国现代绘画，你认为哪些画家是你所推崇的？

范：黄宾虹、齐白石、潘天寿、李可染、傅抱石。

王：你怎么看齐白石？

范：齐白石太了不起了。看齐白石的画，别人讲是入木三分，为什么会入木三分？因为早年齐白石以木匠为生，是细木匠、雕花木匠，他连木头都能下刀入泥，雕出彩头，他把入木头都参透了，那么纸上的功夫就太容易了！正因为齐白石来自民间，他真率、朴质的情感正好暗合了中国艺术最高的所谓禅意境界，齐白石真正达到了天然、天成的境界。

王：对李可染你怎么看呢？

范：李可染最好的画就是他的写生作品。他说："以最大的功力打进去，用最大的勇气打出来。"他很懂画理，也得法，从师古人到师造化，他走的是中国画的大道。他从师古人学到了法，在写生中得到了自然之气，这是非常了不起的。我想，世界上什么人都要得自然之气，科学家、艺术家都要得自然之气。李可染说自己是中等资质，是苦学派。我觉得中等资质怎么能搞艺术呢？只有上等资质才能搞艺术。但是李可染先生他说出这种话，本身就是上等资质，这是他的高明之处。人最难的是认识自己，一个人对自己有正确认识，能通透地了解自己，他就是上等资质。

王：刚才你谈到自然之气，这对于一个山水画家来说，是非常重要的。我在李可染先生的画室中，曾看到一幅他自己书写的书法：烟云供养。可见可染先生是非常重视从自然中吸收营养的。

范：他是得了自然之气的大画家。

王：从画家的角度，你对目前的艺术批评怎么看？

范：目前的艺术批评各抒己见，很好。有人写文章骂我说：不知笔墨为何物。我很认真地读过这篇文章，在作者的眼中，"笔墨"不是我画的这样子。

王：你在意这些批评吗？

范：他说我是"不知笔墨为何物的范扬"，我也没有办法。但我觉得，看看也好。"不知笔墨为何物"对我也是一个提醒，我还得好好练一练。另外，学无止境嘛！

王：你怎么看中国书法与中国画的关系？

范：书法比绘画更高明。从文化发展来看，书法家影响力要比画家大。我们谁不知道王羲之、颜真卿，但对吴道子，不学画的人很少知道。中国人都是从学字开始的，几乎每个人拿着毛笔都能

查济古民居　50cm×200cm　纸本设色　2008

查济古民居（局部）　纸本设色　2008

写。比如说，我写一幅"寒雨连江夜入吴"的诗句，你可以写，他也可以写，老先生可以写，儿童也可以写，字形上都一样，内容不变，但写出来的品格、气息、美感、功夫却都不相同，它的精神注入和要求比绘画更高。绘画首先要具有一定的造型基础，需要专业训练，不可能人人具备这种能力，所以绘画的纯粹性不如书法。但是当我们翻开中国书法史看看，你会发现有百分之六十到七十的书法家也都是画家，画家的笔墨修养和能力要比单一搞书法研究的人在造型、境界上更有高度，书法的笔墨技术的推进，肯定是画家才能完成的。

王：你认为自己目前的创作还有哪些问题需要去解决？

范：我目前有很多想法、画法需要去实施，有些人可能存在画什么、怎么画的问题，我不存在这种烦恼！我心里有很多想法还没有画出来，不管大画、小画或者人物、山水、花鸟，世界就在我笔下，我可以画外国题材，也可以去画传统题材，我要在原有的基础上往前跨进一步，更上一层楼。

王：你对当前的艺术品市场和艺术品拍卖的火爆怎么看？

范：中国社会正处在一个繁荣的时期，倡导和谐社会，社会经济、政治、文化进入一个良好的环境。记得早些年，在国营画廊买程十发先生一百多张画，只花了两万多元；齐白石的画、傅抱石的画，也就几百元一件。现在拿出一张齐白石、傅抱石的画就是百万、千万。我觉得这个时代挺好，希望画家能够立定精神，秉着原先学画时的初衷，不能被市场左右。不管东西南北风如何吹到身上，一定要站稳脚跟。

王：你来北京跟南京时状态有什么不同吗？

范：画画的状态差不多。但北京是中国的文化中心。我在南京时，别人谈到我，会说江苏有位画家范扬画得不错；到了北京，别人可能会说，有位范扬画得不错，有点儿全国性的意思。

从齐云山亭远眺　42cm×111cm　纸本设色　2008

從齊雲山亭遠眺
戊子

范扬／得于象外

Fan Yang

范扬的花鸟，亦与世俗不同。写意花鸟，反映作家的性灵心声，所谓一枝一叶总关情，用来比喻花鸟最恰当不过了。作写意花鸟，心态最当放松，写意花鸟，重在『写』字，涂涂抹抹，枝叶相生，须臾片刻，信手拈来。（文／金玲）

范扬／

每个人心目中的山水和真山水都是不一样的，比方说漓江山水在李可染先生的笔下和在白雪石先生的笔下那是完全不同的，就像我们所有的游客去了以后，感受又各不相同，这就是所谓移情说吧。感受不同，看到的山水就会不同，然后笔下就更不同。

『六法』里首先要气韵生动，很多人说要追求静的一种境界，我说这个也很对，静是一种很高的境界。但是我呢，正好是追求动的，『六法』里主要写的是气韵生动，这个也很奇怪，『六法』里为什么不写静呢？我正好记住了这最主要的一点。元气淋漓、真气弥漫，真性情或者本身的元气就显露在画面里了，这时候画面会显得郁郁勃勃、生动活泼，这是我追求的境界，只有追求才能达到，没有追求的人永远不会达到。

我总结过，20世纪五六十年代的时候有一大批画家画了像十三陵水库、大炼钢铁、丰收的劳动场景，当时我就想为什么这些人不约而同地画呢？包括钱松喦、宋文治，差不多除了最优秀的画家没画以外，其他人都画了。我讲的最优秀的艺术家就是齐白石，他本身就是画劳动人民的，本身就是来自于乡间；傅抱石呢是文人血统的，骨子里不喜欢；潘天寿也没怎么画。他们应该说明白自己的使命，明白艺术的真谛，不跟着走。（文／范扬）

乾坤自在我手中

——范扬访谈录

采访人／陆虹　文字整理／林春

编者按：写生中的范扬非常自我，他似乎抛弃了固有的写生规则，不完美，但是生动；速写式的笔墨，既受西方艺术的影响，又有着传统的笔法。他极具个人特点的表现性笔墨，连年不断的写生经历，充满鲜活现场感的写生作品，凸显出不同一般的时代意义。他的写生实践，是纵观历代名家山水写生的延续，既有中国画传统笔墨的深厚功底，又能将西方表现主义、后现代的手法巧妙结合为我所用。范扬的写生有着难得的主观精神，他给中国画界带来了新鲜的风气，值得深入探讨。

编者（以下简称“编”）：古人和山水是很近的，可以说他们生活在山水之中，由此建立起了和山水紧密的关系。但是今天的画家更多的是生活在城市中，除了专门外出写生、旅游之外很难身临其境地接触山水，如此一来，当今画家对待山水的情感和古人比起来有无变化？

范扬（以下简称“范”）：应该说今天的人更加迫切地渴望回归自然，为什么会有这么多的旅游团队？而且叫“驴友”，取的就是谐音，为什么会有这样的组织？说明他们认识到，和过去相比自然景观更加地宝贵。

编：现在，我们看到的山水和古人看到的山水比起来已经在很大程度上遭受到了现代性的破坏，这是否会妨碍今人对山水的认识，从而使得我们对山水的认识和古人的认识高度产生差距？

范：有差距。不是在大自然本身，而是在观念上。在人和自然互相关照的这种观念上还是不如古人来得整体。古人亲近自然，“天、地、人”融合在一起，是和谐的互相适应共存的状态，而今天呢，可能是我们从小接受的教育，所谓“人定胜天”啊、“改造山河”啊这种提法以后，他们都自以为人是大自然的主宰，提出了“人定胜天”而不是“和谐共存”这样的口号。我觉得这种口号在一定程度上是强调人的主观能动性，但是从更大的格局看，跟中国古代比较本质的那种天地观、宇宙观和人生观还是有距离的。过分强调了人的精神，忽视了大自然的力量，接下来会产生恶果。

编：宗炳的“畅神”说，郭熙的“可居、可游”说，古人把自己融入了山水之中，使自己成为自然的一部分，而我们今天写生还能不能达到这样的境界呢？

范：这是我们所追求的目标。每个人心目中的山水和真山水都是不一样的，比方说漓江山水在李可染先生的笔下和在白雪石先生的笔下那是完全不同的，就像我们所有的游客去了以后，感受又各不相同，这就是所谓移情说吧。感受不同，看到的山水就会不同，然后笔下就更不同。

编：您是怎样看待画面的程式化？有的人认为是画家风格的体现，有人认为容易故封自守？

范：觉得这个问题蛮有意思的，你没有程式化，人们不容易注意到你，程式化太多呢，又束缚了自己，可以说相辅相成，也可以说是一把双刃剑，我觉得都是对的。一个人长期以来的艺术修

拟古　46.7cm×35cm　纸本设色　2010

养，走的道路，甚至他的天赋，必定在他的手法中产生一个痕迹；而一个成熟的艺术家，这个痕迹是非常明显的，如果用程式化来说也对。一个画家他每个时期不同，但是他必须每个时期有他艺术上的追求，他手法形成过程中所形成的特点，就是程式化。齐白石有很强的程式化，李可染也是，古今中外莫不如是啊，毕加索，再往前推米开朗琪罗、拉斐尔、凡·高，我们一看就知道是他们的作品。用油画讲是笔触，用中国画来讲是笔墨。但程式化是不是就束缚了画家的创造力呢？应当说一个画家他的程式、他的语言不是固定的，这种程式可以不断地加强，不断地进化，不断地提炼，不断地升华，不断地提高。就像石涛所说："墨团团里黑团团，黑墨团中天地宽。"这里面有无数的可能性，那么他怎么会故步自封呢。往往是没有才气的艺术家或者是小有才华的艺术家找到一个程式以后，他就固定了，就不再添加新的东西，不再学习了，那个时候程式化必定成为他继续前进的绊脚石。很多我们所谓的江郎才尽的画家，年轻的时候很有才情，感觉也不错，但由于他过早地故步自封、不思进取，程式化就真成了他的脚镣。

编：吴冠中也是很早就形成自己的风格了。

范：吴冠中先生是位非常有意思的画家，有他自己的取向，他身体力行，他这样说，也这样做。在这一点上吴冠中先生是一位当之无愧的艺术家。当然每个人理解的形式美也不一样，他理解的形式美是点、线、面的一种平面趣味。而这种点、线、面还不是纯粹的中国的点、中国的线，而是一种图案中的点、线、面。可能他对这种点、线、面中的美学含量和质量取向不同，你刚讲的形式美，他就是一种形式美，不过形式美有各种各样的。古代的绘画太讲究形式美了，汉唐时候全是形式美，不是从吴冠中先生才开始的，那时追求到了极致，他们在形式的取向上比现在走得深远，在处理对待世界万物的感受上也要走得更远，包括八大、徐渭，他们是真正形式美的大师。

编：那您觉得我们今人跟他们的形式美有哪些距离呢？

范：今天诱惑太多，人们不容易静下心来思考，单独地面对形式美的时间太少，古人他们也忙，他们也要作诗作画、郊游饮酒。他们也很忙，可能古人忙的跟画的关系更直接一些，但是你也不能说古人不炒作，古人也炒作，陈子昂是一个极大的炒作，炒作的时候我们又不如古人了，陈子昂在长安街上弹琴，弹完琴后把这个琴一摔，说我的诗比我弹的琴更好。而现代人的炒作更加拙劣一些，手法不高明，显得贫乏。我们所提到的这些都是千古佳话，要想创造佳话确实也有难度，汉唐有雄风，而魏晋人是雅到骨子里了。

编：您的画气势充沛、感情洋溢、自由从容，有浩然之气，您能谈谈是怎样的身心历程养出了这样的气象？

范：这个是我"六法"学得好啊。"六法"里首先要气韵生动，很多人说要追求静的一种境界，我说这个也很对，静是一种很高的境界。但是我呢，正好是追求动的，"六法"里主要写的是气韵生动，这个也很奇怪，"六法"里为什么不写静呢？我正好记住了这最主要的一点。元气淋漓、真气弥漫，真性情或者本身的元气就显露在画面里了，这时候画面会显得郁郁勃勃、生动活泼，这是我追求的境界，只有追求才能达到，没有追求的人永远不会达到。

编：您的画，不写名字，先看笔墨，就很"范扬"。

范：这点我可以毫不谦虚地说，哪怕是几笔都能看出是我的。曾经有这么个情况，有一次《美术观察》封面上登了我的一张画局部的几笔，后来我的一个好朋友说封面上的作品没有你的名字，而且还是局部的几笔，但是我一看就是你的画，说明你的厉害，他这是在含蓄地表扬我。中国绘画几千年，多少人在这个墨团团黑团团里摸爬滚打讨生活，这是我们自立于民族绘画之林的本钱。就像我们说的笔墨要真诚，笔墨不但要真诚还要精妙，各人的看法不同，有的人认为他的那种好，就像有的人认为点、线、面是好，他就那样画，有的人认为八大的点、线、面更好更有趣味，那么他就那样好了，所以还是有高下文野之分的，但是独具面貌还是必须要的。一个人还是要有点天性的，作为一个优秀的艺术家，首先把自己的本性画出来了那才行，画不出来就不是一个优秀的艺术家。

编：所以每次面对山水的时候您都能够迅速地把您的感情转化成画面。

范：有一次写生的时候，我的学员说我作画似是完全不假思索，顺流而下。我也讲我画画的时候就是逢水搭桥、遇山开路，就像我在做一篇作文，已经写好了，大自然就是现成的文章，我在誊清作文，誊的时候字写得好看一点，漂亮一点，别人看着舒服一点就行了。也说明我画的时候胸有成竹，自然流露，天人合一，在我这是生命的律动。

编：您讲过在您的审美观念里雄浑大于清秀。

范：这是我个人认为的，我们这个时代正好需要大国崛起的雄强自信，生命力的充沛旺盛，需要奋发，需要自信，这好像是在说我的绘画。当这个精神和本身契合的时候，你不代表时代都不行，有的时候时代选择了我，我也选择了时代，这种取向正好是我喜欢的，又是这个时代需要的，每个时代有每个

画芥子园草虫　44.4cm×35cm　纸本设色　2010

时代的审美，为什么汉代的画那么雄强啊？为什么清代的美人那么病态啊？为什么唐代以丰硕为美呢？时代造就的，时代形成的。

编：一山一面貌一性格，您在面对山水时是如何捕捉山川的气息？

范：古代画论里说“润含春雨，干裂秋风”，我正好有一次深秋在京郊写生，在五渡，我画的那张画就是干裂秋风；清明时节在皖南写生，画出来的就是明显地不同，在皖南是春雨绵绵，雨水打湿了我的画面，画面就是滋润。古人的话在我这就验证了，实实在在，那么自然，一点不复杂，不牵强，没有什么玄机在里头。

编：经过历史文化的沉淀，每一个地方除了自然风貌之外还会有很多人文风貌，所以在您的写生作品中并不刻意地去避免山村的建筑、当今劳作的人群、眼前的汽车，甚至电线杆都出现在您的写生作品中，很当代？

范：我这样做了，但这样做的同时呢又想回归传统，在传统里讨一些生活，这样做不失为一个聪明的方法，既画了劳动人民，又画了传统。我看到宋人也画盘车图，画水牛耕，画栈道，画一些人们活动的地方，画得很有意思。我总结过，20世纪五六十年代的时候有一大批画家画了像十三陵水库、大炼钢铁、丰收的劳动场景，当时我就想为什么这些人不约而同地画呢？包括钱松喦、宋文治，差不多除了最优秀的画家没画以外，其他人都画了。我讲的最优秀的艺术家就是齐白石，他本身就是画劳动人民的，本身就是来自于乡间；傅抱石呢是文人血统的，骨子里不喜欢；潘天寿也没怎么画。他们应该说明白自己的使命，明白艺术的真谛，不跟着走。

编：您觉得这样也还比较和谐吧？

范：有明显的时代痕迹。

编：那您觉得会不会破坏意境呢？

范：多少有点牵强。

编：但是正因为这样才有时代性。

范：我认为是时段，只能说是时代中的一个现象，不能代表一个时代的高峰或水平。

比如我也画拖拉机，我觉得拖拉机有一种机械的美，画的时候觉得挺有趣，也画得得心应手。我的画里也有电线杆，但是在我这就变成了形式，它是一种线条，是画面的构成，而且在那幅画里是不可或缺的，甚至它就是主题。过去人是无可奈何地画，我现在是有意识地画，就像我原来常说的自觉地画，自己的觉悟。

编：您是怎样看待古代山水大家的，比如范宽、李成、李唐、黄子久……

范：他们太了不起了，他们的成就我们几乎高不可攀，像范宽、董源、巨然、倪云林、董其昌，但时代还是要前进的，新的时代还是需要成就新的好画家，我们要做这个时代的好画家。就像西方的艺术不可能超过达·芬奇和米开朗琪罗。元四家我也个个都喜欢，元四家中的吴镇，他的画沉厚、湿润，正好跟我的审美很接近，我的画是刚柔相济，其他三家比较干。我喜欢米芾，他是奇特的人，画如其人，他有奇特的手法，做人也是，喜欢古董，讹人东西，借东西不还，所以叫米颠啊。这些大画家要么大痴、要么狂、要么愚，像黄公望是黄大痴。金陵画派中我喜欢龚贤，其他的画家不能看，就传统而言都没做好，更不用说创新了。

松芝蜻蜓　46.9cm×35cm　纸本设色　2010

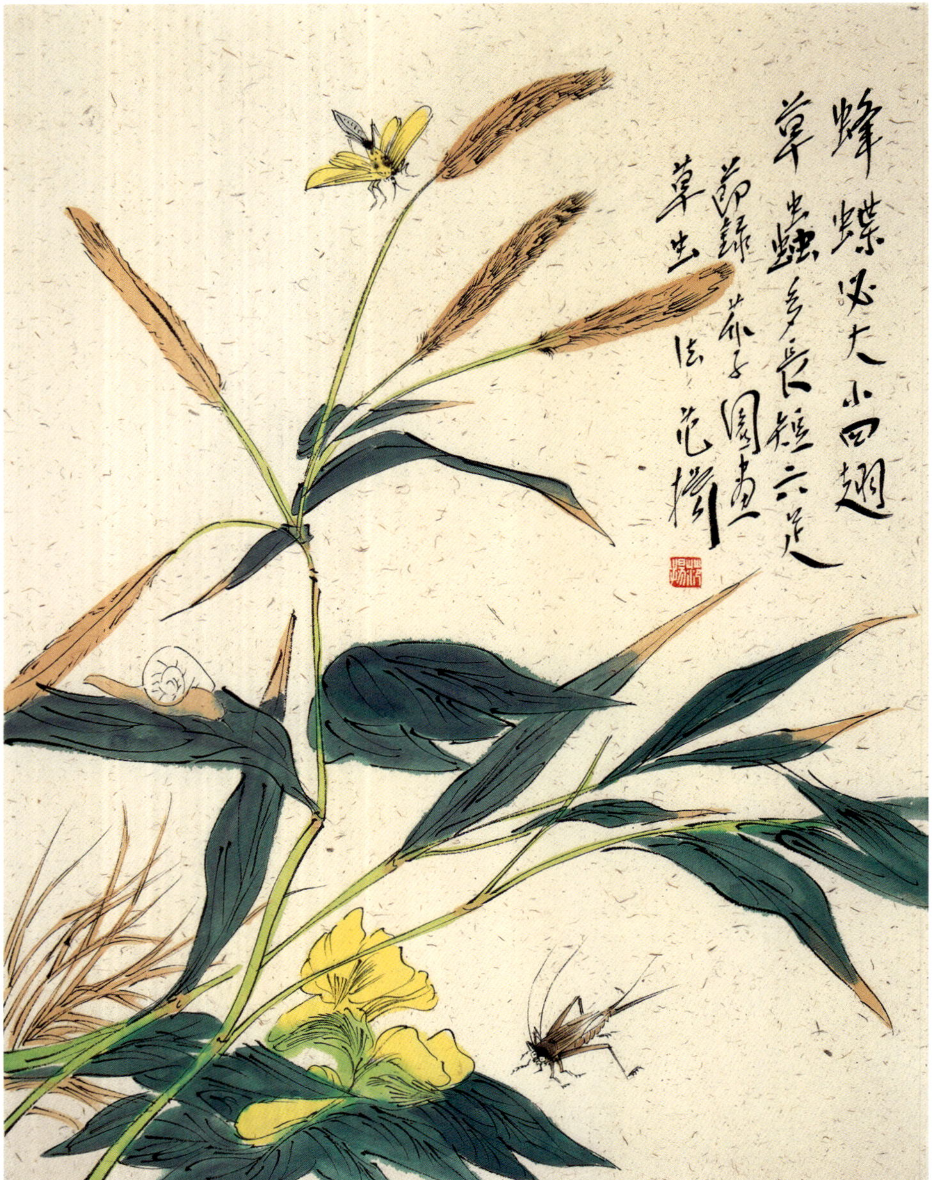

蜂蝶草虫　46.7cm×35cm　纸本设色　2010

康熙本芥子园　44.8cm×35cm　纸本设色　2010 [右页图]

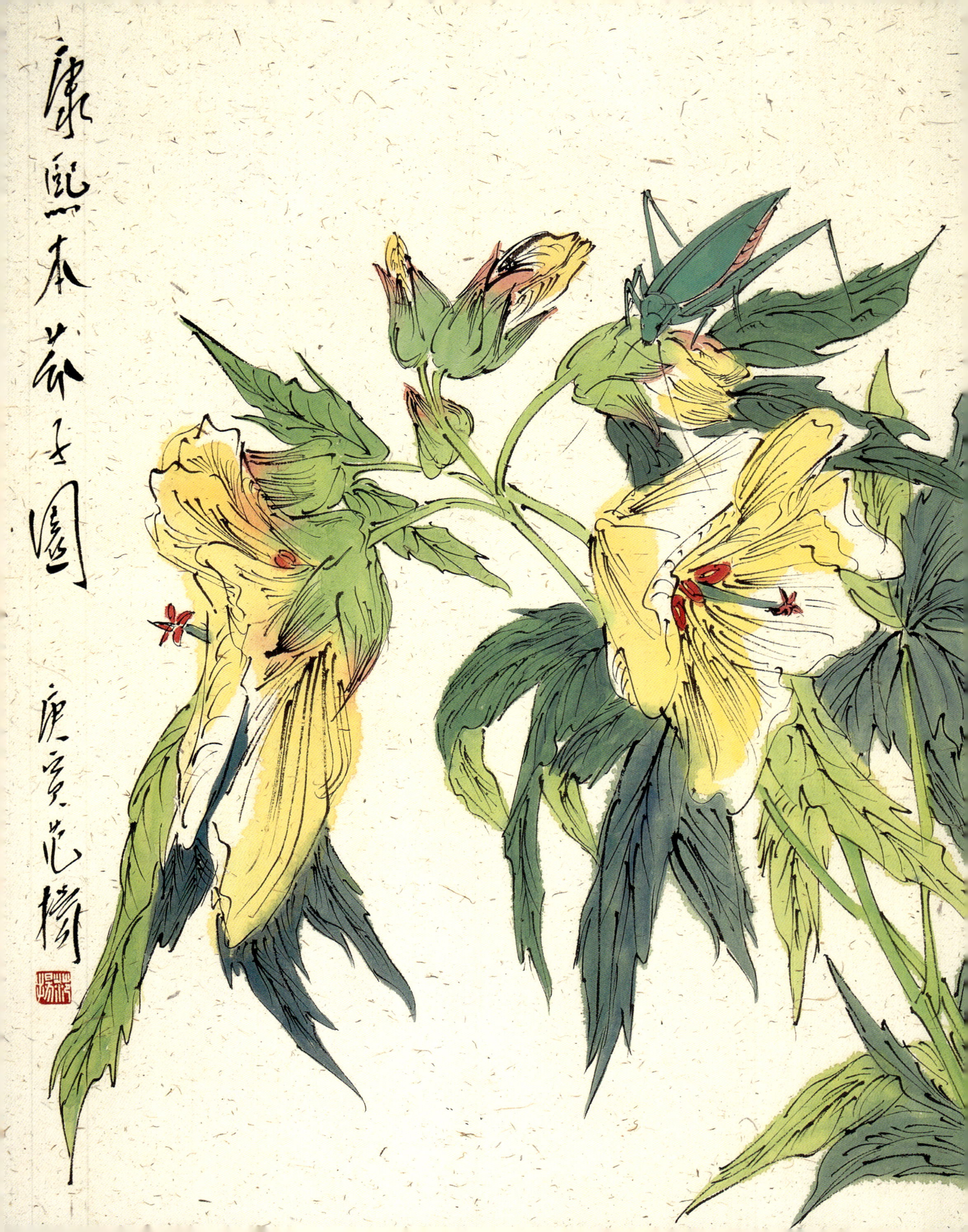
康熙本芥子園

范揚倣日本浮世繪
范揚

松本幸四郎　46.7cm×35cm　纸本设色　2010

仿日本浮士绘　44.8cm×35cm　纸本设色　2010 [左页图]

宋人罗汉　46cm×35cm　纸本设色　2010

造罗汉一尊　46cm×35cm　纸本设色　2010

范扬/附录

Fan Yang

出版有《中国艺术家年鉴·范扬卷》（文化艺术出版社）、《又见皖南——2008中国国家画院范扬工作室写生集》（北京工艺美术出版社）、《中国当代名家画集·范扬》（人民美术出版社）、《范扬画集》（四川美术出版社）、《写生范扬》（人民美术出版社）、《2006年中国画艺术年鉴·范扬卷》（河北教育出版社）、《当代画史名家经典作品集·范扬卷》（人文艺术出版社）、《翰墨名家·范扬卷》（中国工人出版社）、《范扬印度速写》（中国文联出版社）、《当代中国画家研究丛书·范扬》（中国工人出版社）、《当代最具升值潜力的画家·范扬》（河北教育出版社）等个人专集

艺术年表

1955（乙未）年1月27日（农历正月初四），出生于香港铜锣湾圣保罗医院。

1961（辛丑）年，就读于南通师范第二附小。祖母缪镜心为该校校长。

1968－1970年，就读于南通市第三初级中学。

1970－1972年，就读于南通中学，该校是江苏省重点中学，曾培养出如国画家范曾、数学家杨乐等出类拔萃的专家学者。

1972（壬子）年10月参加工作，在南通市工艺美术研究所任美工，学画，学民间工艺，学剪纸，画刺绣画稿。学友有林晓、许平、徐艺乙、卜元、冷冰川等人。

1977（丁巳）年，恢复高考，考入南京师范学院美术系。1978年2月入学。受教于秦宣夫、徐明华、尉天池、杨健侯等诸先生。入学时系主任为秦宣夫先生。

1982（壬戌）年2月，毕业留校任助教。

1984（甲子）年，作工笔人物画《支前》。

1985（乙丑）年2月，工笔人物画《草垛》参加南京师范学院美术系教师作品展。

是年年底，工笔人物画《支前》参加“第六届全国美术作品展”，获铜质奖。

1987（丁卯）年，任美术系讲师。创作水墨人物画《崇拜》、《沐浴》。

1988（戊辰）年，任美术系主任、副教授。作工笔画《饮马延河》。

1990（庚午）年，作《绿色丛林》组画，共4件。

1992（壬申）年，作《浅绛山水》等山水画作品。

1993（癸酉）年，作《墨蛙碧荷图》、《瓦雀冬青图》等花鸟画作品。

1994（甲戌）年，作工笔重彩《唐诗组画 王昌龄诗意》，共10件。

1995（乙亥）年，作浅绛山水《过香积寺》、《山色苍润》。

是年7月20日，国家邮政局发行了范扬绘制设计的《太湖》特种邮票（5枚，小型张1枚）。首发式在无锡太湖饭店举行。

1996（丙子）年，作《春牛图》、《山中习静》、《秋江独钓》、《蜀葵》、《萱花》等作品。

1997（丁丑）年，赴皖南歙县、黟县一带写生，归而作《皖南写生组画》，该创作活动延续至2000年。同年，作大型人物画《农夫农妇》。并作有《紫玉》等一批花鸟画。

1998（戊寅）年3月5日，国家信息产业部在淮安举行《周恩来同志诞辰100周年》纪念邮票（4枚）首发式，邮票计4枚，范扬、时卫平合作。

7月，任南京师范大学美术系主任。

是年10月，参加汉城“中韩画家联展”。

1999（己卯）年，南京师范大学美术系改建成美术学院，任院长。

6月3日，范扬设计绘制的特种邮票《普陀秀色》纪念邮票（6枚），首发式在浙江普陀山举行。

10月，参加德国路德维希市“中国画七家联展”。

2000（庚辰）年，任博士生导师。作《雁荡山色》、《孺子牛》及皖南系列《皖南小电灌站》、《石梁飞瀑》等作品。并作大型人物画《农夫与耕牛》。

1月，参加“成都世纪之门艺术大展”。

5月，参加上海“新中国画大展”。

范扬

参加江苏省文化厅组织的写生团，赴西藏写生。作大型人物画《望果节的游行队伍》。

2001（辛巳）年，作《葛稚川移居图》、《敬亭山》、《浅绛山水》、《雪山行旅》、《疏林高士》及《红梅鸣禽图》、《鸡冠花》等花鸟作品。

5月，参加中国美术馆“水墨本色画展”。

7月，参加大连艺术博览会“国际中国画年展”。

8月，参加上海美术馆“新院体四人展”。

8月，参加澳门“江苏画家10人展”。

10月，参加北京“百年中国画大展”。

12月，参加“成都双年展”。

2002（壬午）年，作山水画《林泉高致》、《雪景山水》、《松带六朝声》、《雪山行旅》、《坐看云起》，人物画《钟进士》、《阿罗汉图》。

作巴黎写生组画《巴黎塞纳河》、《从埃菲尔铁塔远眺》、《市民休闲广场》、《夜景步行街》等作品。

10月，参加“江苏优秀作品晋京10人展”（由全国政协举办）。

12月，参加“深圳双年展”。

12月，参加北京中华世纪坛“当代艺术风骨50家展”。

2003（癸未）年，作《独坐看黄庭》、《江流天地外》、《江南雨后山》、《琅琊山写生》、《丘壑自然之理》、《让泉在山亭前流过》、《我家墨法我家山》、《溪响松声》等山水画，《沧浪之水》等人物画，以及《白芙蓉》等花鸟画。

2004（甲申）年，作人物画《但对青山》、《献寿图》等作品。

是年赴青岛崂山写生，作《崂山多甘泉》、《崂山观海》、《崂山坐忘潭》等系列作品。

赴大运河写生，作《瓜州古渡》、《扬州个园》等系列作品。

2005（乙酉）年年初，赴内蒙古写生，作《阿斯哈图石林》、《美岱召晨曦》、《热水镇写生》等系列作品。

8月，范扬及金玲赴埃及、肯尼亚写生。

同年调中国画研究院任山水画研究室主任。4月份由国家人事部、文化部批准，10月份报到。

10月15日至11月14日，应法国Galerie Cathay画廊邀请，与龙瑞院长同行赴法参加在巴黎举行的“中国山水精神——当代经典山水画家邀请展”。

2006（丙戌）年3月5日至3月13日，随中国美术家协会旅游联谊中心组织的写生团去印度采风写生。一行18人，刘大为先生带队。

4月17日至4月26日，赴巴中写生。

5月，作为龙瑞工作室副导师，率学员去北京平谷县写生。

5月28日至6月1日，与龙瑞院长带队的研究院一行19人前往浙江杭州，参加“钱塘自古繁华——全国著名画家画杭州”写生活动，并专程瞻仰了黄宾虹、叶浅予先生故居。

作品《天凉好秋图》参加“2006美丽乳山全国中国画名家邀请展”，中国美术家协会主办。

8月，为钓鱼台国宾馆作《采芝深山里》、《菩提本无树》、《说禅图》、《仰听松风》、《松溪高逸》等作品。

9月，中国画研究院开办范扬工作室，9月9日，开学典礼在紫玉饭店举行。

10月9日至15日，率工作室学员一行20人，去太行山石板岩、洪谷山一带写生。作《太行写生》图稿。

10月18日，随研究院写生团赴四川青城山、海螺沟、四姑娘山一带写生。

11月，《范扬画集》由四川美术出版社出版。

12月14日，中国画研究院更名为中国国家画院，庆典在钓鱼台国宾馆举行。范扬任国家画院山水画研究室主任。

是年伊始，以麻纸作山水画，画风为之一变。作《采芝深山里》、《独坐幽篁里》、《清溪放挺》、《坐茂树以终日》等作品，及《山亭清话》青绿山水册。

12月下旬，作大型人物画《印度元素》。

2007（丁亥）年元月3日至7日，参加中国美术家协会中国画艺术委员会举办的“水墨雄风——当代中国画家作品展”。画展于元月3日上午10时在炎黄艺术馆开幕。同时参展画家有崔振宽、李宝林、贾浩义、朱松发。

2月4日至7日，作品《枝隐罗汉》、《深山对弈》参加“水墨威海——第二回当代中国画名家学术邀请展”。

4月，率国家画院范扬工作室学员及随行人员约40人赴湘西黔东南写生，得稿37件。

7月，赴武夷山写生，得稿7件。

9月，随吴长江带队的中国美术家代表团访问俄罗斯。

11月，赴京郊房山五渡写生。

2008（戊子）年3月，由北京工艺美术出版社出版《激扬江山——2006–2007中国国家画院范扬工作室教学文献集》。

4月，率范扬工作室学员及随行人员约40人赴皖南写生，得稿28件。

7月，《又见皖南——2008中国国家画院范扬工作室写生集》由北京工艺美术出版社出版 。

9月，随国家画院采风团赴贵州写生。

9月，赴银川，参加“庆祝宁夏回族自治区成立50周年全国画院邀请展”。

9月，随国家画院采风团赴山西写生，得稿10件。

10月26日“激扬江山——范扬绘画作品展”开幕暨“澄怀美术馆”开馆在南京市隆重举行。

2009（己丑）年1月8“数风流人物——2150中国画邀请展”在养墨堂美术馆隆重开幕（参展画家有田黎明、刘进安、何家英、周京新、范扬、高云、徐乐乐等）。

3月26日参展“中国画名家手卷作品展”并出任学术委员会主席，展出作品“秋山访友图”（中国美术馆）。

5月29日“一统江山——中国山水画邀请展”（参展画家有朱道平、常进、范扬、张志民、林容生、周京新、姚鸣京、陈平、何加林、张谷旻等）（南京养墨堂美术馆）。

5月29日，“水墨光明·范扬画展”在日照市文化艺术博览中心举行。

10月23日”精神家园——中国10大山水名家全国巡展”（参展画家有龙瑞、卢禹舜、黄格胜、赵卫、范扬、陈玉圃、张志民、张宝珠、何加林、林容生），首届在济南市博物馆举行。

11月1日“水墨心象”范扬、明瓒、石寒、周松、明道五人中国画展在宜兴日报书画院隆重开幕。

11月6日 参加“看江山如此多娇——2170山水画展”（南京养墨堂美术馆）。

12月19日 参加“相由心生”当代学院水墨现象邀请展（北京繁星美术馆）。

2010（庚寅）年4月14日石城五家·中国画大展在养墨堂美术馆隆重开幕（参展画家有朱道平、吴冠南、常进、范扬、周京新）。

4月25日北京宋庄国画院成立暨中国画名家作品邀请展”隆重开幕，获聘宋庄国画院院长。

5月16日“巨匠：中国当代艺术的十个个案2”的开幕式在上海五角场800号艺术区顺利举行（参展画家有范扬、何加林、贾广健、刘进安等）。

5月18日文化部国韵文华书画院成立，获聘国韵文华书画院副院长。

5月29日“澄怀观道——范扬工作室·张志民工作室艺术交流展”在济南隆重开幕（山东省图书馆）。

6月5日宋庄国画院(原上上美术馆老馆)举行——点墨开玄(三)中国画名家展开幕式。（参展画家有王孟奇、刘克训、孙志钧、范扬、靳文艺、刘进安、林容生）。

6月8日参加“丝绸之路——和平之旅“大型文化交流代表团对乌兹别克斯坦共和国进行了友好访问并被乌兹别克斯坦共和国国家科学艺术院聘为院士。在访乌期间，受到胡锦涛主席的亲切接见。

6月18日中国国家画院范扬课题结业展与程大利课题班、卢禹舜课题班共同在中国国家画院美术馆隆重开幕。

6月21日“水墨品质·2010当代名家邀请展”在山东省美术馆举行（参展画家有范扬、韩浪、梁占岩、梅墨生、伍小东、张谷旻等）。

7月3日“山水媚道·中国国家画院范扬工作室首届山水画课题班结业作品展”（范扬、程云仲、杨军、楼安平、靳文艺、黄智程等）在中国国家画院美术馆举办。

7月24日北京凤凰岭书院成立揭牌仪式暨【凤凰来仪】第三回“写生范扬”中国画作品观摩活动在北京凤凰岭美术馆举行。

8月25日—30日参展“纪念中国印度建交60周年绘画艺术展”并出任学术委员会副主席，展出作品“松荫说禅”。

9月5号“澄怀雅集”第二回——范扬、曾来德、程云仲、陈曦书画联展（无锡市）。

9月10日“正大中和”中国画名家中堂展在北京宋庄国画院盛大举行（展览展出80多位艺术家的中堂画），范扬参展中堂及对联。

9月18日“澄怀雅集·逍遥游”——澄怀雅集名家邀请展第一回展在南京澄怀美术馆隆重开幕（参展画家有范扬、常进、朱道平、姚鸣京等）。

9月27日作品参展朝鲜平壤《中国绘画展》。

10月16日“和而不同——吴冠南、范扬、周京新中国画展”（浙江美术馆举行）。

11月26日参加“第二届中国山水画艺术双年展”（桂林美术馆）。

12月4日“澄怀雅集·花间意”花鸟画名家邀请展在南京澄怀美术馆隆重开幕（参展画家有霍春阳、吴冠南、赵跃鹏、老圃、喻慧、姚媛以及中国工艺美术大师鲍志强等）。

12月24日“三羊开泰——杨晓阳、范扬、霍春阳三位名家学术邀请展”在北京荣宝斋美术馆举行。

12月31日参加国韵文华书画院主办的“中国画名家四条屏作品展”，出任艺术委员会委员（中国美术馆）。

2011（辛卯）年1月1日“和而不同——中国画邀请展”在扬州隆重开幕（参展画家有吴冠南，范扬，周京新）（扬州市美术馆）。

1月12日被聘为中国人民对外友好协会友好艺术交流院名誉副院长，聘书由对外友协会长陈昊苏先生、党组书记李小林女士颁发。

1月28日至2月18日迎新春，馆藏名家精品书画展在南京澄怀美术馆隆重开幕（参展画家有周京新、喻继高、范扬、徐乐乐、胡宁娜、喻慧、常进、霍春阳、朱道平等）。

1月5日获颁“2011艺术之巅中国画十大年度人物”文化部中外文化交流中心授予。

3月5日“澄怀雅集·风骨志名家邀请展”在南京澄怀美术馆隆重开幕（参展画家有高云、周京新、胡宁娜、范扬、徐乐乐、杨春华等）。

4月20日—4月30日，带领中国国家画院范扬山水工作室学员到江西婺源写生。

5月29日“不同凡响——范扬、范治斌画展”在中国美术馆开幕。由中国国家画院、北京师范大学艺术与传媒学院主办。

特别感谢以下单位大力支持
北京金悦集团公司
今日美术馆
颂雅风图书发行有限公司
鉴藏艺术沙龙
大观书屋